선비의
배반

고즈윈은 좋은책을 읽는 독자를 섬깁니다.
당신을 닮은 좋은책 — 고즈윈

선비의 배반
박성순 지음

1판 1쇄 발행 | 2004. 9. 15.
1판 5쇄 발행 | 2014.10.10.

발행처 | 고즈윈
발행인 | 고세규
신고번호 | 제313-2004-00095호
신고일자 | 2004. 4. 21.
(121-819) 서울특별시 마포구 동교동 200-19번지 203호
전화 02)325-5676 팩시밀리 02)333-5980
www.godswin.com   godswin@paran.com

값은 표지에 있습니다.
ISBN 978-89-91319-02-8

고즈윈은 항상 책을 읽는 독자의 기쁨을 생각합니다.
고즈윈은 좋은책이 독자에게 행복을 전한다고 믿습니다.

선비의 배반

박성순 지음

고즈윈
God'sWin

역사의 구각을 깨기 위해

스스로 작은 돌멩이 하나가 되기를

자처했던 모든 분들께 바칩니다.

책머리에

I.

변화의 기로에 서 있는 오늘의 상황을 보며 나는 '고려 말 공민왕'을 떠올린다. 보장된 자신의 지위 유지에 만족하지 않고, 고려국의 운명을 더 중요하게 생각했던 사람인 공민왕을 나는 항상 유달리 생각하곤 했었다. 공민왕은 원나라의 압제를 풀어 고려국의 자주권을 회복하고, 권문세족들을 견제함으로써 사회적 갈등을 해소하려 하였다. 그는 이와 같은 과업을 완수하기 위하여 원·명 교체기라는 국제관계를 이용할 줄 아는 식견의 소유자였고, 자신의 우군을 양성하기 위하여 성균관의 중영을 통해 신진 사대부들을 등용하였다. 그러나 공민왕은 수구 세력의 높은 벽을 넘지 못하고 비명횡사하였다.

공민왕 사후 위화도 회군을 통해서 정국의 주도권을 장악한 이성계도 처음에는 단계적이고 점진적인 절차에 의해 사회를 개혁하고자 하였다. 그렇지만 수구 세력들이 이를 좌시하지 않았다. 이성계가 해주에서 사냥하다가 말에서 떨어져 중상을 입자, 수구파의 거두인 정몽주 일파는 이 기회를 놓치지 않고 일거에 이성계 세력을 소탕하였다. 이때 수구 세력의 탄핵을 받아 이성계의 심복인 조준·정도전·남은·윤소종·남재·조박 등이 원지에 유배당하여 이성계 일파는 일대 위기에 빠지게 된다.

정상적인 절차로는 수구 세력의 벽을 넘을 수 없다고 판단한 이성계 일파는 수구파의 수장인 정몽주를 격살하는 비상수단을 사용하였다. 이때 이성계는 정몽주 처단에 대한 여론의 향배를 염려하였으나, 그동안 수구 세력의 전횡에 염증을 느낀 민중들은 별다른 반발을 보이지 않았다. 게다가 주위의 격려까지 받은 이성계는 자신감을 얻어 왕과 민중에게 정몽주 처단의 당위성을 설명하고 정몽주를 효시하였다.

공민왕과 이성계는 모두 사회 개혁을 표방했다. 공민왕은 수구 세력에게 역습을 당해 죽고, 이성계 또한 서둘러 반격하지 않았더라면 목숨을 부지할 수 없을 뻔한 위기에 빠지기도 했었다. 그러니 개혁이란 목숨을 내걸어야 하는 대단히 위험한 사업이라는 점을 우리는 역사를 통해 확인할 수 있다.

Ⅱ.

개혁을 반대하는 수구 세력의 태도는 예나 지금이나 마찬가지이다. 친일파 진상 규명법을 가지고 국가 정체성까지 운위되는 실정을 보고 있으면, 해방 후 반민특위 활동이 저지되던 과정과 너무도 유사하여 허탈한 웃음을 짓지 않을 수 없다.

제2차 세계대전이 끝나고 식민지를 경험한 국가에서의 전후 과거사 청산은 당연한 상식이었다. 중국의 국민당과 공산당, 프랑스 드골 정부의 민족 반역자 처단은 물론이려니와 전쟁을 일으킨 독일과 일본마저도 연합국과 맥아더 사령부에 의해 전범처리가 단행되었고, 프랑스에서는 1990년대에도 비시정권의 리옹 지역 민병대장이 체포되어 최고형인 무기징역을 선고받았다. 이와 같이 전후 각국의 과거 청산은 신국가 건설을 위한 민족적 정체성 확보의 필수적인 과제였다.

해방 후 남한의 경우도 1948년 9월 23일 제헌국회에서 반민법을 제정하고 반민특위를 조직하여 친일파 숙청을 추진하였으나, 그것은 처음부터 친일파와 친일파 비호 세력의 방해공작에 직면했다. 그 실상은 매우 다양했다. 시내 각처에 살포된 정체불명의 삐라에는 "민족을 분열하는 반민법을 철회하라", "민족 처단을 주장하는 놈은 공산당의 주구다." 등의 문구가 씌어 있었는데, 주로 반공 이데올로기를 이용하여 친일파 숙청 문제를 이념 대립으로 바꾸려는 의도가 강했다.

또 하나는 이른바 '반공국민대회'의 개최였다. 대회 당일 대회장 곳곳에는 "국회에서 통과된 반민법은 반장이나 통장까지 잡아넣을 수 있도록 되어 있어 이것은 온 국민을 그물로 옭아매는 망민법(網民法)이다", "이런 민족 분열의 법률을 만든 것은 국회 안에 있는 공산당 프락치의 소행이다", "국회 내의 김일성 앞잡이를 숙청해야 한다."는 삐라가 뿌려졌다.

여기에 더해 이승만 대통령을 중심으로 한 정부 각료들의 반민법 폐지 활동은 결정적인 역할을 했다. 정부는 외부적으로 반민법 반대 국민대회 등을 묵인 조장하는 한편, 내부적으로는 반민법 개정안을 준비하여 1949년 2월 15일 반민특위에서 특별재판부와 특경대를 폐지시켜 실질적으로 반민특위를 무력화시키기 위한 수정안을 국무회의에서 통과시켰다.

이외에도 특위요인 암살음모사건, 특위요인에 대한 협박 및 테러 활동, 특위 예산 및 사무실 미배정, 각 도청·세무소·군 등을 망라한 정부 조직의 조사자료 제출 거부, 반민피의자를 위한 친일파 비호 세력의 탄원서·연판장 제출 등 반민법 실행을 막기 위한 방해공작은 전국에서 전방위적으로 자행되었다. 그 결과 전쟁통인 1951년 2월 14일 국무회의에서 '반민족행위 재판기관 임시조직법'이 폐지됨으로써 반민법에 의한 친일파 숙청 문제는 역사 속에 묻혔다.

오늘날 우리가 듣는 여론몰이도 이와 다르지 않다. 특히 지역주의까지 결합되어 친일 진상 규명법이 정치적 음모라고까지 생각하는 사람들도 있는 듯하다. 그러나 오비이락(烏飛梨落)이라 하지 않았는가. 지금껏 친일파 청산 작업이 수구 세력들의 위압에 억눌려 논의조차 되지 못하다가 국민들에 의해 새로운 정국이 형성되면서 이 문제를 본격적으로 논의할 수 있는 기회가 주어진 것일 뿐이다. 민족의 정기를 바로잡고 역사를 새로 쓰는 일은 이제부터 시작이지 않을까? 친일 진상 규명법의 개정이 정치적 음모이자 사회를 혼란에 빠뜨리는 일이라고 여론을 조성하는 것이야말로 반민특위활동 방해공작의 재현에 다름 아니다.

다른 나라에서는 이미 50년 전에 끝난 일이 우리의 경우 이제야 그 여건이 조성되었다는 만시지탄(晚時之歎)과, 과거사 확인 작업으로 마음을 졸일 많은 사람들이 존재한다는 사실에 연민의 정을 금할 수 없다. 국민들은 누구나 기본적으로 안정을 원한다. 그런 측면에서 개정을 앞둔 친일 진상 규명법이 역사적 확인 작업에만 그치고, 당사자나 후손들에게 어떠한 처벌을 가하기 위한 것이 아니라는 점은 다행스런 일이다. 아무튼 민족 정기를 바로 세우는 일이 정치적 물타기에 의해 희석되지 않기를 바란다.

Ⅲ.

이 책을 쓰게 된 직접적인 동기를 소개할까 한다. 대학에서 '다시 보는 조선의 선비'라는 강좌를 맡게 되면서 가장 먼저 한 일은 학생들과 함께 할 적당한 교재를 선택하는 일이었다. 조사 결과 대략 25종의 선비 관련 서적들이 출간되었음을 파악하고는 적이 놀랐다. 그러나 교재를 선택하는 일은 차후로 미룰 수밖에 없었다. 이유인즉 그 체제들이 대동소이했기 때문인데, 대체로 조선 시대 유학자 수십 명을 선정하여 그들의 일대기를 일화 중심으로 엮은 것이 대부분이었다. 또 하나의 특징은 한결같이 조선시대 유학자들을 선비라는 이름 아래 긍정적으로 서술하고 있었다는 점이다.

나는 이런 책들이 단지 성인용 위인전에 불과하다는 인상을 받았다. 그리고 그와 같은 소소한 읽을거리나 제공하는 것으로 역사학의 임무가 다 끝나는 것은 아니라고 생각하였다. 선비의 기절(氣節)을 인정한다 해도, 그들 또한 사람이기 때문에 당시 사회와 역사 안에서의 역할을 살펴보는 구조적인 분석이 필요하다고 생각하였다. 그러므로 한 학기 동안의 강의는 이러한 문제의식을 담은 나의 강의 노트에 의지하여 진행할 수밖에 없었고, 이번 기회에 그것을 책으로 묶게된 것이다.

대부분의 독자들이 이미 제목에서 짐작하셨겠지만, 이 책은 기존의 출판물들과는 달리 조선 시대 선비들을 비교적 비판적인 입장에서 평가하고자 하였다. 그런데 아직도 우리 사회에는 문벌 과시의 유풍이 강하게 남아 있다는 점에서, 젊은 역사학자로서의 학문적 양심을 걸었던 나로서도 이러한 내용을 공개적으로 서술하기가 여간 조심스럽지 않을 수 없었다.

그래서 나는 혹시라도 생길 수 있는 실수를 미연에 방지하기 위해서 나의 생각을 논문을 통해서 검증 받아 보기로 마음먹었다. 그래서 본서의 요지를 정리하여 한 차례의 공개 발표회와 3인의 심사위원으로 구성된 최종 논문 심사 과정을 거쳤는데, 심사 결과가 나쁘지는 않다. 그렇게 해서 세상에 빛을 보게 된 논문이 〈조선중기 경연과

목《심경》의 정착과정과 그 정치적 의미〉(《한국사상사학》 22, 한국사상
사학회, 2004. 6.)였다. 이를 통해서 어느 정도 자신감을 얻은 나는 이
논문을 대본으로 하여 조선의 정치사를 재정리해 본 것이다.

IV.

이 책은 조선 시대라는 전통 시대를 다루고 있지만, 역사를 바라보
는 나의 현재적 관점이 일정하게 투영되어 있다. 그러므로 이 책은 한
국의 장래를 걱정하면서 오늘의 정치 현실을 바라보는 위기의식의 소
산이라고 할 수 있는데, 구체적으로 하고 싶은 말도 많고 답답한 마음
이루 형용할 수 없지만, 짧은 지면 공간인 관계로 말을 아낀다.

다만 조선 후기 재야학자 이옥(李鈺: 1760~1813)의 말로써 나의
마음을 대신할까 한다.

아! 우리 왕조가 불행하여 조정의 안정되지 못함이 요즘과 같은
적이 없었다. 파도가 강장(康莊: 사방으로 통하고 팔방으로 이르는 큰
길)에서 일어나고, 요기(妖氣)가 예경(囈景: 안락한 풍경)을 침범하
며, 통솔자도 없는 불법한 무리들이 발길을 이어 저자에서 서로 물
어뜯어 위로는 요순의 우려를 조장하고, 아래로는 사대부의 수치를
끼치니 아, 또한 심한 일이로다. 지금부터 주행(周行: 큰길)의 사이
에 간혹 날뛰기는 원숭이와 같고, 성내는 것은 임기(林杞: 중국 송나
라 사람)와 같고, 탐욕스럽기는 올철(杌饕: 도올(檮杌)과 도철(饕餮). 나
쁜 짐승의 이름]과 같고, 시샘 많기는 우리[牛李: 중국 당나라 때 우승유
(牛僧孺)와 이종민(李宗閔). 이들은 서로 당파를 만들어 세력을 다투었으므
로 이들을 일컬어 '동료 사이의 싸움'을 비유하는 말로 쓴다]와 같아, 나

라의 녹을 받아먹으면서도 나랏일을 마음에 두지 않는 자가 있으면,
오직 창천(蒼天)이 명확히 살피고 세밀히 점검하여 사람의 조치를
기다리지 말고 하늘이 스스로 그들을 제거해 주옵소서.

- 《역주 이옥전집》 2

미진할 뿐이다. 나는 이 책의 저변에 몇 가지 암시를 깔았다. 한국
은 지금 이대로 쇠락하느냐, 아니면 새로운 도전을 감행하느냐 하는
절체절명의 순간이라는 점, 책임감과 양심이 없는 사람은 절대 정치
지도자로 나서지 말아야 한다는 점, 그리고 근시안적인 '정치적 고
려' 보다는 장기적인 안목에서 국가의 안녕을 위해 희생할 각오가 선
사람만이 지도자가 되어야 한다는 점을 강조하고자 하였다. 그 외에
내가 전달하려는 메시지를 발견하는 일은 전적으로 독자들의 손에
맡기고 싶다.

V.

역사전환기의 촌극으로 기록될 오늘날의 이른바 국가 정체성 논쟁
은 일본에서는 이미 1920년대에 전개되었던 역사적 산물이다. 일본
사회의 봉건적 전통에 대항하여 무조건적으로 서구 문화를 추종하면
서 자유를 구가하고자 했던 대학생, 청년층, 대도시 중산층 중심의
자유주의 그룹과, 급진주의적 정치이론에 적대감과 분노를 느낀 군
장교, 농촌 지주, 소도시 중하류계급, 정부 관리들을 중심으로 한 국
가주의적 · 군국주의적 그룹 간의 갈등이 그 요체이다. 일본은 이러
한 과정을 거쳐 오늘날 나름대로 일본인의 체질에 맞는 사회적 체계
를 정착시킨 것이다.

자유주의가 옳으냐, 국가주의가 옳으냐, 혹은 독점자본주의가 옳으냐, 제3의 길이 옳으냐? 어느 것도 정답일 수가 없고 또는 모든 것이 정답일 수도 있다. 중요한 것은 오늘 우리 역사에서 현실적으로 가장 필요한 정체가 무엇이냐 하는 문제일 것이다. 정치 지도자들의 말이 직접 민중들의 피부에 와 닿지 않을 때에 그 정치는 실패한 것이다. 오늘날 당위 명제인 '민주화'라는 구호가 오히려 현실 정치 지도자들의 책임 방기를 위한 면피용 구실쯤으로 여겨지는 것도 이상과 현실의 괴리에서 오는 현상에 다름 아니다.

그러나 불행하게도 우리 역사에서는 어떠한 정치적 실험을 할 수 있는 기회마저도 존재하지 않았다. 일제 강점기와 군사 독재 시절을 거치는 근 100년 동안 우리 민족은 전체주의자들에게 사지를 짓눌린 채 불순한 사상 통제 정책에 따라 우민화(愚民化)되어 왔을 뿐이다. 이것이야말로 경제 논리로 그 값어치를 따질 수 없는 근현대 우리 민족사의 최대 비극이다. 한국의 소생 여부는 바로 이런 역사적 자각에 달려 있다고 나는 믿는다.

이 책이 잘못된 우리 역사의 구각(舊殼)을 깨는 작은 돌멩이 하나가 될 수 있다면 그보다 더한 보람이 없겠다. 독자 여러분들도 부디 가문과 당파의 입장이 아닌 역사의 눈으로 이 책을 읽어 주시길 부탁드린다.

끝으로 경기 불황 속에서도 본서의 간행을 흔쾌히 허락해 준 고즈윈 출판사에 진심으로 감사의 뜻을 전한다.

2004년 8월 15일
성균관에서 박성순

차
례

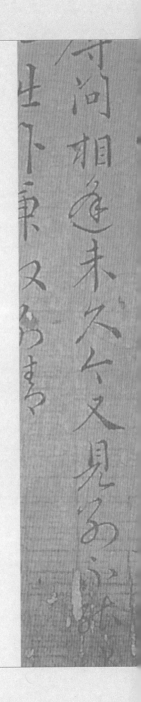

선비란 무엇인가?

"끊임없이 수행하고, 청렴 · 청빈 · 절제 · 검약의 정신으로 삶 자체를 이상화한 특별한 캐릭터, 조선 선비."
"불 같은 정신으로 시대를 호령했고, 깊이 있는 사색으로 시대를 떠받쳤던 선비들의 생애."

이것은 얼마 전에 메모해 두었던, 조선 시대 선비들을 형용한 신문 기사의 일부이다. 평소 조선 시대 유학 사상사에 깊은 관심을 가지고 지내던 나는, 이 기사들을 보면서 혹 이것이 몰역사적인 이해에서 나온 표현은 아닌가 하는 의구심을 가질 수밖에 없었다.

'조선이란 나라는 그토록 자기 수양의 정도가 높은 사람들이 사회 지도층을 형성하고 있었는데, 궁극적으로 나라의 운명이 왜 그리 되었는가? 정말로 왕조 멸망의 원인을 외세의 침략이라는 외부적 원인으로만 설명하면 모든 것이 해결될 수 있는 것인가?'

궁금하지 않을 수 없었다. 게다가 더욱 의아한 것은 선비들이 일생을 견지한 바른 몸가짐과 바른 생각들에 관한 실체, 즉 수양의 내용이 담고 있는 사회적 기능에 관한 의문이었다.

물론 위기지학(爲己之學)이라는 말이 있듯이 성리학은 개인의 인격 함양에 주력하는 학문이긴 하다. 하지만 성리학이 조선이라는 일국의 절대적인 사회 지도 이념으로서의 역할을 담당했던 상황에서 그것의 사회와의 연관 관계를 고려할 때, "그들은 과연 무엇을 위해 수행하고 사색했으며, 또 누구에게 무엇을 호령"했다는 것인지 궁금하지 않을 수 없었다.

이런 이유로 조선의 정치 주역이었던 선비들의 실체를 탐구해 보게 되었다. 이때의 핵심은 선비 개개인의 일상적 수양의 모습이 아니라, 조선 정치사라는 커다란 구조 속에서 그들이 궁극적으로 지향한 바가 무엇인지를 밝혀 보는 것이었다.

그 결과 새로운 사실을 하나 발견하게 되었다. 조선 중기 이후에 들어서면서 조선 초와는 달리 선비들의 역사적 입장이 크게 변화해 갔던 사실을 확인할 수 있었던 것이다. 그리고 주된 변화의 원인이 중국으로부터 유입된 성리학에 대한 인식의 심화 과정과 밀접한 관련이 있음을 알게 되었다. 그 변화는 국가 운영의 관점에서 볼 때, 중앙 집권화를 추구하던 왕조적 체제에서는 별로 긍정적인 것이 아니었을 것이라는 느낌을 받았다.

또 조선이라는 국가의 운영 방향과 사대부들의 지향이 어떻게 충돌했는지, 거기에서 발생한 사회적 문제가 무엇이었는지를 역사주의적 입장에서 진지하게 고려하지 않았던 우리의 학문적 풍토에도 문제가 있었음을 확인할 수 있었다. 나는 이 문제를 함께 고민해 보려 한다. 지금부터 하려는 이야기는 바로 이러한 깨달음에 관한 나의 독백이다.

　선비란 무엇인가? 선비란 사대부를 일컫는 말로, 관리가 될 자격
이 있는 독서 계급을 통칭하는 말이다. 사대부는 원래 중국 고대 주
나라 때 천자나 제후 밑에서 벼슬하던 사(士)와 대부(大夫)에서 비롯
되었다. 좀더 엄밀히 구분하자면, 중국 고대로부터 관리를 3등분하
여 재상급의 최고급 관리를 경(卿), 고급 관리를 대부(大夫), 하급 관
리를 사(士)로 부르는 것이 통례였으나, 후대에는 모두를 합하여
'사'라고 칭하게 된 것이다.

　이들 사대부들이 정치 권력의 핵심으로 부상한 것은 중국에서는
남송 시대 이후였고, 우리나라는 고려 말부터였다. 조선에서는《세종
실록》(세종 13년 5월)에 "4품 이상을 대부, 5품 이하를 사"라고 명시
하고 있는 바와 같이 법제상으로도 문무 관료 전체를 가리키는 용어
로 통용되었다.

　요컨대 선비는 고려 말의 신흥 무장 세력인 이성계의 군사력을 이
용하여 조선을 개창한 신흥 사대부들이나 조선 중기 이후의 사림파
를 모두 가리키는 것이다. 특히 사림파의 후예들은 조선 왕조가 멸망
하는 순간까지 나라의 원기인 정학(正學, 즉 성리학)을 지키는 파수꾼
임을 자임하였다. 조선의 지도층이 선비였던 것이다.

　그렇다면 조선의 선비들은 무엇을 위해서 살았는가? 이들이 이념
적으로 추구했던 것은 물질이 아니라 도의적 명분*이었다. 즉 조선
시대 선비들의 가치관은 바야흐로 배금주의와 물질 만능의 시대라
할 수 있는 오늘날과는 사뭇 달랐다. 인간의 도덕심을 저버리고 물질
만을 추구하는 것은 금수(禽獸)일 뿐이라고 보았던 것이다.

19세기 후반 무렵부터, 일찍이 자본주의화에 성공한 서구 열강들이 원료 공급지와 상품 시장의 확보를 위해서 점차 제국주의의 마각을 드러내기 시작했을 때 이를 경계한 것도 바로 성리학자들이었다. 그들의 주장은 당시에 개화를 반대한 수구파의 완고함으로 인식되기가 쉬웠지만, 요즈음에 곱씹어 보면 미래를 예측하는 혜안도 있었음을 부정할 수 없다.

남의 나라에 화단(禍端)을 끼친 자들도 어찌 헤아릴 수 있겠습니까마는 또한 양이(洋夷)보다 더 심한 자들이 없습니다. 대체로 우리나라에 몰래 잠입하여 불순한 학문을 널리 전파하는 것은 자기의 패거리들을 늘려서 안팎에서 서로 호응함으로써 우리나라의 형편을

---

* 도덕(道德)과 의리(義理). '도덕'은 이익의 극대화를 절대선으로 받드는 오늘날에는 더 이상 어울리지 않는 구시대의 덕목처럼 인식된 지 오래다. '의리'도 그 용어의 본의가 평가절하되어 오늘날에는 무뢰배들의 만용(蠻勇)을 부추기는 용어로 빈번히 회자된다. 반면 조선 시대의 의리는 '사람으로서 마땅히 지켜야 할 바른 도리'를 가리키는 것으로서 선비들이 추구하여야 할 최고의 가치로 인정되었다. 《맹자(孟子)》〈양혜왕장구(梁惠王章句)〉상(上)에 나오는 '無恒産而有恒心者 惟士爲能('생계가 위협 받더라도 사람의 도덕심을 잃지 않는 일은 오직 선비만이 가능하다.'는 뜻)'이라는 말은 굶어죽더라도 인간의 착한 본성을 지켜야 하는 선비의 막중한 책무와 특권 의식을 잘 보여 주고 있다.

그런데 오늘날 많은 사람들이 이른바 도덕과 의리라는 덕목에 냉소적인 태도를 취하는 것은 그것을 운용해 간 사대부 계층의 이기심과 위선에서 파생된 것이고, 그것은 다시 도덕적 명분론을 맹종하는 오늘날 기성 세대에 대한 불신으로 이어진 것은 아닐까. 요컨대 조선 시대 양반들이 앞세웠던 도덕성의 본질이란 휴머니즘이 결여된 냉혹한 상하 관계의 강요에 다름 아니었고, 그것을 특권화하여 피지배계층을 착취하고 억압하는 사회적 이데올로기로 사용함으로써, 결과적으로는 신구세대 간, 빈부 간, 통치자와 피치자 간의 사회적 갈등을 유발시키는 회화화된 덕목으로 자리 잡게 된 것은 아닐까.

우리는 성리학이라는 학문 자체와 조선 역사에서 그것을 운용해 간 위선적 인간들을 분리해 낼 시점에 있다. 이것이야말로 우리 사회의 건강성을 회복시키는 첩경이 될 것이라 믿는다.

탐지하여 군사를 거느리고 쳐들어와 우리의 문물 제도를 어지럽히고 우리나라의 재물과 여자들을 약탈함으로써 제놈들의 끝없는 욕심을 채우려고 하는 데 있습니다.

- 《승정원일기(承政院日記)》 고종 3년 10월 4일

1866년 병인양요가 끝나고, 위정척사운동의 사상적 거두인 이항로(李恒老)가 조정에서 물러나며 올린 척사소의 일부 내용이다. 비록 오늘날과 같이 사회과학적인 이론과 현란한 수사도 없으려니와 그 문제 의식을 표현하는 어투에 있어서는 매우 소박한 측면까지 엿보이지만, 본질적으로 제국주의의 속성을 꿰뚫고 있다는 점은 우리가 결코 소홀히 할 수 없는 대목이다.

이와 아울러 척사론자들의 주장 중에서 우리가 귀담아들어야 하는 대목은,

"외물(外物)에 집착하게 되면 인간의 착한 본성을 잃게 된다."

는 말이다. 이 경구는 인간의 욕심을 제어하는 것이 성인이 되는 첩경임을 설파한 성리학의 전통적 가르침을 그대로 계승하고 있는 것이다. 이와 함께 성리학은 기본적으로 인본주의를 바탕에 깔고 있다는 점을 주목할 수 있다. 그렇기 때문에 오늘날 많은 학자들이 성리학은 현대 경제 체제 안에서 파생되는 인간 소외 현상과 같은 여러 가지 사회적 폐단들에 대한 대안을 제시해 줄 수 있다고 생각하고 있다.

나의 문제 의식

그렇지만, 성리학의 도덕적 심성론이 향후 근대화론의 폐단을 수 정해 줄 대안이 될 수 있다는 것 때문에 그것을 운용해 간 조선 시대 선비들이 무조건 긍정적인 평가를 받을 수 있는 것인가? 이것이 나 의 문제 의식이다.

나는 조선 시대에 성리학이 단순히 선비들의 심신을 수양하는 학 문의 영역 안에서만 머물렀던 것이 아니라, 왕권을 억압하고 국정을 장악함으로써 이른바 사대부 독존의 사회 체제를 만들기 위한 선비 들의 정치적 무기로 이용되었다고 본다. 그렇다면, 성리학을 사회 이 념으로 운용한 선비들을 무조건 미화하는 단순한 평가는 위험한 것 이다. 그것은 지금 유행처럼 번져 가고 있는 국학의 재조명이라는 이 름 아래 또 다른 권위를 창출하는 것이며, 무비판적인 과거사의 긍정 론은 부지불식간에 수구로의 회귀를 조장할 위험성이 있다.

이제 우리 사회에는 성리학 때문에 조선이 망했다는 일본 관학자 들의 주장에서는 일단 벗어날 수 있는 토대가 형성되었다고 본다. 그 렇다고 일제의 식민주의사관에 반발하여 조선의 성리학자들을 모두 위인으로 미화하는 그런 역사 서술 태도 또한 바람직하지 않다고 생 각한다.

조선의 역사를 보다 정확하게 평가하기 위해서는 성리학을 수학하 고 그것을 사회 통치 이념으로 운용했던 사람들, 즉 선비들의 행태를 정치적이고 정략적인 입장에서 면밀히 검토해 보는 것이 필요하다. 이를 위해 조선 시대 선비들을 평가하기 위한 기준으로 '명분과 실 리'라는 관점을 도입하였다. 역사의 주체가 과연 누구인가 하는 문제를 논의의 중심에 설정한 것이다. 나는 당연히 성리학의 이념 안에서도 역사의 주체는 '백성'이 되어야 한다고 생각한다. "사직과 왕보다도 백성이 먼저"라거나, "민심은 천심이고 따라서 이를 위해서는 역성 혁명도 긍정될 수 있다."는 맹자의 가르침이 그 논거이다.

여민(黎民), 곧 백성을 위한 길은 유학자들이 걸어가야 할 길이었음과 동시에, 오늘날에도 변치 않을 궁극적인 지향점이기도 하다. 그렇지만 조선 시대 선비들, 특히 그 중에서도 순정 성리학자를 자임했던 사림파들이 과연 학문적 이상과 현실 사이에서 어떤 태도를 보였는지에 대해서는 반문의 여지가 있다.

이제 우리는 "왜 한국의 역사서에는 반성이 없는가?"라는 질문을 신중하게 고려해 보아야 할 시점에 이르렀다. 국학에 대한 관심의 고조에 편승하여 과거를 합리화하는 역사 서술은 조선 시대 《실록》 편찬자들이 저질렀던 과오를 되풀이하는 것이며, 오늘날 한국사라는 학문 자체를 영원히 무용한 것으로 전락시키는 행위가 될 것이다.

이 책은 성리학이 조선 정치에 어떤 영향을 미쳤는가를 이야기하려 한다. 특히 조선의 성리학은 심학(心學)의 경향이 강했으므로 조선 성리학이 심학화하는 데 가장 중요한 텍스트가 되어 온 《심경(心經)》의 유입과 그를 둘러싼 사림파 성리학자들의 정치사상사적 입장을 살펴보려 한다. 따라서 본격적인 이야기는 제9장 '《심경》의 유입' 부분부터라고 하겠지만, 조선 중기 이후 심학화의 역사적 의미를 깊이 있게 파악하기 위해서는 조선이 어떤 사람들에 의해서, 어떤 이념에 의해 건국되었는지를 먼저 살펴보는 것이 필요할 것이므로 앞부분에서 이를 미리 다루게 되었음을 밝혀 둔다.

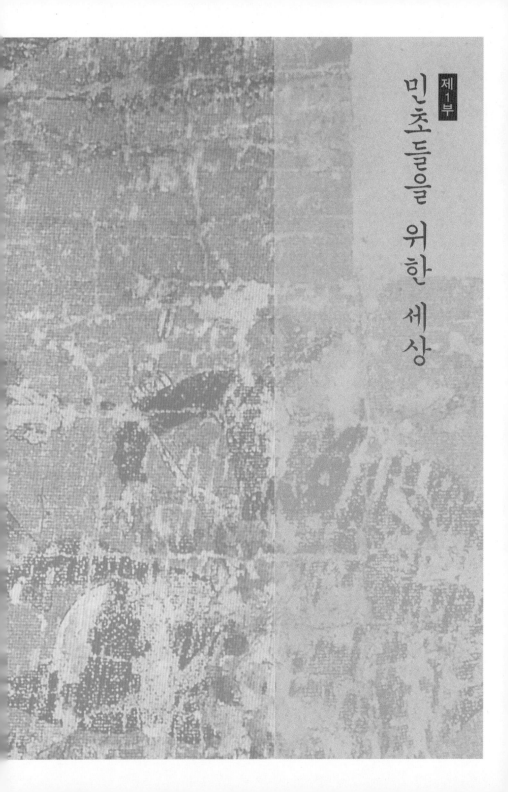

제1부

민초들을 위한 세상

1장_ 역사의 필연

권문세족의 나라

조선의 건국은 고려 말에 성장하기 시작한 신진 사대부들의 손에 의해 완성되었다. 이들을 조직하고 육성하기 위해서 성균관을 중흥시킨 사람은 공민왕이었다. 공민왕은 권문세족들의 틈바구니 속에서 고려의 자주권을 회복하고 새로운 정치적 개혁을 달성하기 위해 자신의 후원 세력들을 길러 내고자 한 것이다. 그런데 결과적으로는 이들의 손에 의해 고려 왕조가 멸망했으니, 공민왕과 신진 사대부들과의 관계는 인연치고는 악연이었다.

성균관이 중영(重營)되던 당시의 모습을 《고려사(高麗史)》는 다음과 같이 전하고 있다.

공민왕 16년(1367)에 성균관을 다시 짓고 이색(李穡)으로 판개성 부사 겸 성균대사성을 삼았다. 학생을 증치하고, 경술(經術)의 선비인 김구용(金九容), 정몽주(鄭夢周), 박상충(朴尙衷), 박의중(朴宜

中), 이숭인(李崇仁)을 택하여 모두 타관(他官)으로서 교관(敎官)을 겸임시키게 되었다. 이에 앞서서는 관생(館生)이 수십 명에 불과하더니, 이색이 다시 학칙을 정하고 매일 명륜당(明倫堂)에 앉아 경(經)을 나누어 수업하고, 강의를 마치면 서로 더불어 논란하여 권태를 잊게 되니, 이에 학자가 많이 모여 함께 눈으로 보고 마음으로 느끼는 가운데 정주성리(程朱性理)의 학이 비로소 흥기하게 되었다.

－《고려사(高麗史)》 열전(列傳) 28, 이색전(李穡傳)

공민왕이 성균관을 증영하고 인재를 육성한 것은 그동안 심각한 사회 문제로 누적되어 왔던 고려 말의 여러 모순들을 극복하기 위한 의도였다. 많은 사람들이 아직도 고려의 멸망이 위화도 회군으로 말미암아 갑작스럽게 유발된 것으로 인식하고 있지만, 위화도 회군은 이성계와 신진 사대부들이 조선 건국의 기반을 장악하게 된 하나의 사건에 불과한 것이었다. 고려의 멸망 원인은 오히려 구조적인 데 있었다.

이성계의 위화도 회군은 왕위를 찬탈하려는 계획적인 야심을 발현한 것이라기보다도 그 당시로서는 눈앞의 부득이한 문제를 처리하는 조처에 불과한 것이었다는 시각도 이러한 구조주의적 시각과 연관이 있다. 어찌되었든 이후 이성계 일파의 집권을 통해서 친명 · 억불 숭유 · 사전 개혁을 비롯한 시폐의 혁파에 역점을 둔 정책이 실행된 것은 고려 말 사회가 그만큼 개혁이 필요한 상태에 빠져 있었음을 말해 주는 것이다.

고려는 무신 정권 시대부터 인사 행정이 어지러워지고 전통적인 통치 체계가 무너지는 등 문란해진 정치 기강이 몽고 간섭기에 한층

격화되었다. 당시에 그와 같은 정치적 혼란을 초래한 장본인들은 원과 밀접한 관련을 가지고 등장한 부원적 권문세족으로서 그들의 탐학과 불법은 극에 달하였다. 조정의 일각에서 대두하고 있던 신진 사대부들은 권문세족의 정치적 비리를 비판하고 개혁 운동을 전개하지만 번번이 실패로 돌아가고 말았다.

이러한 때에 공민왕이 즉위하여 혁신 정치를 단행하였다. 그는 명나라가 새롭게 흥기함에 따라 원의 세력이 점차 힘을 잃어 가고 있는 기회를 이용하여, 왕권의 강화와 정치·사회적 개혁 및 반원 친명 정책을 추진하였다. 그러나 공민왕의 대내 혁신 정치는 추진 세력의 취

공민왕 마포 공민왕 사당에 안치된 공민왕(재위 1351~1374)과 부인 노국대장공주(魯國大長公主)의 영정. 태조 3년(1394) 12월 착공되어 이듬해 9월 완공된 종묘의 공민왕 사당은 조선의 정통성을 표방하고 고려 유민들을 위무하기 위한 목적으로 건립되었다. 수구파의 반발에도 불구하고 개혁 정치를 정력적으로 단행했던 공민왕은 재위 14년(1365)에 노국대장공주가 난산으로 죽자 실성하여 왕비를 추모하는 불사에 전심하였을 만큼 왕비를 극진히 사랑하였다.

약한 기반과 권문세족의 반발 등으로 인해 큰 성과를 거두지 못하였다.

공민왕의 반원 친명 정책을 반대한 권문세족은 무신 정권으로부터 고려 왕과 지배층의 권력을 회복하는 단계에서 원나라 제실의 절대적인 도움을 받은 관계로 친원파를 표방하고 있었다. 반면에 개혁을 지향한 공민왕과 그동안 꾸준히 세력을 키워 온 신진 사대부들은 친명을 주장하면서 그에 맞섰다. 공민왕이 시해된 이후에도 대외 정책을 둘러싼 두 세력 간의 대립은 더욱 첨예화되었고 그와 더불어 권문세족의 정치적 비리와 불법은 더욱 만연해 갔다.

고려 왕조는 사회·경제적인 면에서도 국가 운영상 커다란 문제에 봉착하게 되었다. 그러한 현상은 무신란(1170) 이후 전시과(田柴科) 체제가 붕괴되고 사적인 대토지 겸병의 진행과 더불어 농장이 성립하면서 극에 달하였다. 몽고 간섭기에는 전국의 대부분 토지가 농장으로 바뀌면서 여러 가지 부정적인 사회·경제적 문제가 야기되었다. 개간과 점탈, 사패(賜牌) 등 온갖 방법을 통해 확대된 권문세족들의 농장은 "산천으로 표를 삼고 주(州)에 차고 군(郡)에 걸치는" 정도였다.

광대한 토지를 점유한 농장주들은 불법으로 국가에 납부해야 할 조세를 포탈하였고, 농장에 소속된 농민들 역시 사민화(私民化)하여 조(租)·용(庸)·조(調) 일체를 납부하지 않았다. 이로 인하여 군대를 유지하는 데 필요한 군수(軍需)가 고갈되었고 국가의 일상적인 예산도 항상 부족을 면치 못하였다.

농장의 성행으로 종래의 자가 경영 농민들은 토지를 잃고 유민화하거나 농장에 흡수되어 소작전호(小作佃戶) 내지는 노비로 전락하였다. 농민들이 공민에서 국가의 통제를 벗어난 사민으로 변화하자

역체제가 붕괴되어 국가의 존립 근거마저 위태롭게 되는 지경에 이르렀다.

농장제의 진전으로 여러 가지 사회·경제적 모순이 야기되자, 신진 사류를 중심으로 한 세력이 사전과 농장의 개혁과 혁파를 강력하게 주장하였다. 전민변정도감(田民辨整都監) 등의 각종 기구는 그때에 설치된 것이다. 하지만 그 같은 노력은 부원적 권문세족을 비롯한 권세가들의 방해로 인해 모두 실패하였다. 고려 조정은 이미 그 모순을 개혁할 만한 능력을 상실하고 있었던 것이다.

사상적 기반의 붕괴

고려 왕조의 몰락은 사상적인 면에서도 비롯되고 있었다. 국초에 집권 체제의 확립을 위한 민심 수습, 사상 통제의 방편으로 채택되었던 불교는 호국 불교·왕실 불교로서의 역할에 대한 반대급부로서 경제적 특권이 주어지자, 사상 통제자로서의 역할을 도외시한 채 현실적 이익만을 탐닉하게 되었다.

이에 대한 비판의 목소리 또한 적지 않았으나, 도도한 종교의 악폐는 그렇게 개별적 비판의 목소리로 해결할 수 있는 것이 아니었다. 당시 여러 사람이 올린 불교 배척 상소 가운데 공양왕(恭讓王) 때 성균관 생원이던 박초(朴礎)라는 사람이 올린 〈척불소(斥佛疏)〉가 가장 격렬하였다.

신 등이 가만히 듣건대 천지가 있은 후에 만물이 있고, 만물이 있은 후에 남녀가 있고, 남녀가 있은 후에 부부가 있고, 부부가 있은 후에 부자(父子)가 있고, 부자가 있은 후에 군신이 있고, 군신이 있은 후에 상하가 있고, 상하가 있은 후에 예의의 둘 바가 있으니 이것은 천하의 달도(達道)요, 고금의 떳떳한 법이므로 가히 잠시도 떠나지 못하는 것입니다. …그런데 저 불(佛)은 어떠한 사람이기에 세대를 이을 적자(嫡子)로서 그 아비를 배반하여 부자의 친(親)을 끊고, 필부로서 천자에 항명하여 군신의 의(義)를 멸하며, 남녀가 방에 거함을 도가 아니라 하고, 남자가 밭 갈고 여자가 베 짜는 것을 불의라 하여 생생(生生)의 도를 끊으며, 의식의 근원을 막아 그 도로써 천하를 바꾸려고 생각하는 것입니까. 진실로 이와 같이 하면, 백 년 뒤에는 인류가 끊어질 것입니다.

박초의 〈척불소〉는 다음과 같이 계속 이어진다.

전(傳)에 말하기를, '일부(一夫)가 밭을 갈지 않으면 혹자(或者)가 주리게 되고, 일부(一婦)가 누에 치지 않으면 혹자가 추위를 당한다.'고 하였습니다. 저 불씨의 무리가 밭 갈지 않고 음식을 채우며, 누에 치지 않고 의상을 갖추어 편안히 거주하여 자양(自養)하는 자가 몇 천백만인지 알지 못하니, 이로 인하여 동아(凍餓)하는 자가 몇 사람인지 알 수 없는 것입니다. …국정을 맡은 사람으로서는 마땅히 배척할 바이거늘, 하물며 화려한 집에 앉아 훌륭한 음식을 들고, 손을 놀리면서도 군왕과 부모에게 읍(揖)하는 자이니 하루인들 천지간에 용납하리까.

– 《고려사》 열전 33, 김자수전(金子粹傳)

〈천산대렵도〉 공민왕의 작품으로 그의 호방한 기질을 엿볼 수 있다. 국립중앙박물관 소장.

불교 세력은 왕실과 귀족의 보호 하에 지주로서의 발전이 가능하였고, 더 큰 이익을 노리는 승려는 정계에까지 진출하게 되었으니 당시 사원은 모리배의 소굴이라는 인식이 확산되고 있었다. 타락한 불교는 이제 조선 건국의 주체인 유학자, 즉 신진 사대부들에 의해서 타도되어야 할 개혁의 표적이 되었다.

왕조의 멸망

총체적인 사회적 모순에 봉착한 고려는 필시 망할 나라였다. 그것이 개혁적 성향을 지닌 신진 사대부들에게 장악이 되면서 역사는 한 단계 전진하였다. 그런데 여기에는 재미있는 역사의 아이러니가 있다.

공민왕이 가장 총애했던 신하가 정운경(鄭云敬)과 그의 아들 정도전(鄭道傳), 그리고 이자춘(李子春)과 그의 아들 이성계(李成桂)였다. 정운경은 형부상서와 검교밀직제학을 역임한 인물로서, 공민왕이 즉위할 당시 권세가들이 정권을 농단하던 상황에서도 강직함을 잃지 않고 법을 지켜 공민왕에게 충성을 다하였다. 그 결과 공민왕은 금법을 어기면서까지 친히 침전으로 불러 술을 하사할 정도로 정운경을 총애하였다. 이자춘은 공민왕이 원으로부터 쌍성총관부를 탈환하는데 내응하여 큰 공로를 세운 일등공신이었다. 이를 계기로 공민왕의 신임을 얻은 이자춘은 얼마 뒤에 동북면 지역을 총괄하는 병마사(兵馬使)의 지위에까지 오를 수 있었다.

그러나 고려는 공민왕이 그토록 총애하던 두 신하의 자식들에 의해서 멸망하고 말았으니 이것은 아이러니라고 할 수밖에 없다. 아니 그것은 오히려 역사의 아이러니가 아니라 필연이었다 해도 지나치지 않을 것이다. 고려 사회의 구조적 병폐는 단순한 미봉책으로서는 더 이상 치유될 수 없는 지경에 빠져 있었던 것이다.

고려 말의 사회적 부조리를 극복하려는 신진 기예들의 손에 의해서 고려는 종말을 고하였다. 그리고 그들의 손에 의해서, 부원파들의 틈바구니에서 비명에 간 공민왕의 못다 이룬 개혁의 꿈이 새로운 왕조의 개창과 함께 되살아난 것이다. 선비의 나라 조선은 이렇게 시작되었다.

2장_ 공민왕의 눈물

허망한 죽음

    (1374년 9월) 갑신(甲申)에 환자(宦者) 최만생(崔萬生)과 행신(幸臣) 홍륜(洪倫) 등이 왕(공민왕)을 시해하였다. 시해 하루 전날 만생이 측간에 가는 왕을 따라가 비밀히 아뢰기를 '익비(益妃)가 임신한 지 5개월입니다.'라고 말하였다. …왕이 누구와 간통했냐고 묻자, 만생이 아뢰길, '익비의 말에 홍륜이라 하더이다.'라고 말하였다. 왕이 말하길, '날이 밝으면 홍륜의 무리를 죽여 입을 막을 것이요, 너 또한 이 일을 알고 있으니 죽음을 면치 못할 것이다.'라고 하였다. 만생이 두려워하여 이날 밤 홍륜, 권진, 홍관, 한안, 노선 등과 모의하고 왕이 술에 취한 틈을 타서 칼로 찔러 죽였다. 그리고 암살 범이 밖에서부터 침입하였다고 소리쳤으나 호위 군사가 두려워 감히 움직이지 못하였고, 재상과 백집사(百執事)가 변을 듣고도 한 사람도 달려온 사람이 없었다.

- 《고려사절요(高麗史節要)》 권 29, 공민왕(恭愍王)

공민왕 글씨 옛 안동도호부 현판. 안동향토박물관 소재.

공민왕의 죽음을 기록한 《고려사절요》의 기사다. 고려 역사에서 누구보다도 당당한 개혁 군주였던 공민왕은 왜 이처럼 주변 인물들의 냉대를 받으며 세상을 떠나야 했을까?

1270년의 개경 환도 후부터 시작된 몽고의 고려 지배는 약 백 년 동안 지속되었다. 몽고는 1271년 북경으로 수도를 옮기고 나라 이름을 원(元)으로 바꾸었는데, 원의 지배 방식은 고려 왕실을 통한 간접 통치였다. 고려 국가의 존립은 인정해 주되 문제가 생기면 사신을 보내 문책하고 왕을 갈아 치웠다. 때문에 고려 조정은 전왕파와 신왕파로 분열되고, 원의 눈치를 보며 보신에 급급한 무리들이 들끓었다.

원의 간접 통치가 가장 잘 드러난 정책이 바로 원나라 공주와 고려 왕의 혼인이다. 충렬왕이 원 세조의 딸을 왕비로 맞은 이래, 역대 고려 왕은 원 황실의 공주를 왕비로 삼고, 그 아들은 원나라에서 살다가 고려에 돌아와 왕위에 오르는 것이 통례가 되었다. 왕의 시호에는 '충(忠)' 자를 붙여 원에 충성한다는 뜻을 나타내게 했다.

원의 지배 하에서 민중의 생활은 더욱 피폐해져만 갔다. 원의 갖가지 요구는 그대로 민중에게 떠넘겨졌다. 그런 가운데 친원 세력과 권문세족은 권력을 이용한 불법적인 약탈과 강점으로 토지를 넓히는 데 혈안이 되어 있었다.

이들 권문세족이 겸병한 대토지는 전시과 체제의 그것과 달리 면세·면역의 특권을 누리는 등 사적인 지배력이 더욱 강화되었다. 이렇게 개인의 소유가 된 대토지를 '농장'이라 부르는 것도 이 때문이다. 농장 확산의 문제점은 소유 구조의 불균등성이라는 사회적 문제를 넘어서서 이로 인해 기본적으로 국가의 운영 자체가 불가능해졌다는 데에 있었다. 《고려사》에 의하면, "당시 권귀(權貴)와 환관들이 모두 사전(賜田)을 받아 많은 것은 2~3천 결에 이르렀는데, 각기 좋은 땅을 차지하고도 모두 부역(賦役)은 한 푼도 내지 않았다."고 기록하고 있다.

이런 고려 말의 민족 모순·계급 모순을 극복하려고 한 사람이 바로 공민왕이었다. 1351년 즉위한 공민왕은 변화하는 국제 정세를 이용하여 반원 자주화 개혁 정책을 추진하고자 하였다. 중원에서는 1340년부터 원의 통치에 반발하는 반란이 일어나 1356년에는 훗날 명나라 태조가 된 주원장(朱元璋)이 남경을 손에 넣었다.

이에 편승하여 공민왕은 우선 친원 세력의 우두머리인 기씨(奇氏) 일족을 제거했다. 기씨는 딸이 원 순제의 황후가 된 것에 힘입어 횡포를 부리던 인물이다. 한편, 공민왕은 쌍성총관부를 공격하여 원이 지배하던 철령 이북의 땅을 되찾았다. 또한 원의 연호 대신 독자적인 연호를 쓰고, 관직 명칭도 원래대로 돌려 놓았다.

그렇지만 외척과 친원 세력을 중심으로 한 공민왕의 1차 개혁은 구조적인 면에서 한계를 드러내었다. 이를 극복하기 위하여 공민왕은 사고무친(四顧無親)의 승려 신돈(辛旽)을 기용하여 2차 개혁을 단행하였다. 보다 철저한 개혁을 위해서는 피의 숙청도 불사하겠다는 강렬한 의지가 담긴 것이었다. 공민왕의 신돈 기용 의도는 다음의 글에서 확인할 수 있다.

공민왕이 다음과 같이 말하였다. '세신대족(世臣大族)은 친당(親黨)이 뿌리를 이어서 서로 엄폐한다. 초야의 신진은 마음을 속이고 행동을 꾸며서 명예를 탐하다가, 귀현(貴顯)에 이르면 문지(門地)가 한미한 것을 부끄럽게 여겨 대족(大族)과 혼인하여 모두 그 처음의 뜻을 버린다. 유생은 유약하여 강직함이 적고 또 문생(門生)이라 좌주(座主)라 동년(同年)이라 칭하고 서로 당을 이루고 사정(私情)에 따른다. 이 셋은 모두 쓰기에 부족하므로 세상을 떠나 독립한 사람을 얻어 크게 써서 전부터 내려오는 폐단을 고쳐야 하겠다.' 그런데 신돈을 보매 도를 얻어 욕심이 적으며, 또 미천하여 친당이 없으니 대사를 맡기면 반드시 마음대로 하여 자기 몸을 아끼는 일이 없을 것이라고 여기고, 드디어 중에서 선발하여 국정을 맡겨 의심치 않았다.

— 《고려사》 열전 45, 신돈전(辛旽傳)

고려 말의 가장 큰 사회 모순은 불평등한 토지 소유 관계에 있었다. 권문세족이라는 소수의 기득권층이 경제력을 독점하고 있는 상황이었기 때문이다. 1366년 신돈은 먼저 전민변정도감(田民辨整都監)을 설치하였다. 신돈은 이 기관의 총책임을 맡아 권문세족들이 불법으로 빼앗은 토지와 노비를 원주인에게 돌려주고, 강제로 노비가 된 사람을 본래의 신분으로 되돌려 주었다. 이 때문에 신돈은 민중들에게 '성인(聖人)'이라는 칭송을 받았다.

그러나 농장주이자 권문세족이면서 동시에 친원 세력이었던 이인임(李仁任)·임견미(林堅味)·염흥방(廉興邦) 등은 자신들의 기득권 상실을 우려하여 1371년 역적 혐의를 씌워 신돈을 제거하는 데 성공한다. 신돈을 잃은 공민왕도 더 이상 개혁 의지를 갖지 못하고 방황하다가, 1374년 반개혁 세력들에 의해서 살해되고 만다.

신진 사대부의 등장

위의 공민왕 살해 기사에서 최만생과 홍륜은 환관과 행신으로 서술되어 있지만, 사실은 공민왕의 정적인 친원파 권문세족의 사주를 받은 자제위(子弟衛) 소속의 인물들이었다. 공민왕이 시해를 당했는데도 호위 병사들이 출동을 못하고 백관 중에 달려온 자가 없었다는 점 등은 공민왕의 개혁 정치를 방해하려는 권문세족들의 치밀한 사전 준비 끝에 거사가 진행된 것임을 방증해 준다.

그렇다면 《고려사절요》의 편찬자들은 왜 이렇게 공민왕의 죽음을 허술하게 처리했을까. 그 이유는 《고려사절요》가 조선조에 들어와 편찬되었기 때문이다. 조선조에 편찬된 역사책들은 공민왕과 신돈의 개혁을 '신돈의 횡포'니 '공민왕의 타락'이니 하며 두 사람의 죽음을 당연시하고 그 개혁 정책을 깎아 내리는 데 혈안이 된 모습을 보인다.

조선 문종 2년(1452) 2월 20일에 고려 시대의 역사를 다룬 최종 결정판으로서 김종서(金宗瑞) 등이 편찬한 《고려사절요》에서는 공민왕을 이렇게 묘사하고 있다.

사신(史臣)은 말한다. 왕이 즉위하기 전부터 총명하고 인후하여 백성들이 모두 따르고자 희망하였다. 즉위하여서도 정사에 힘써 중외가 크게 기뻐하고 대평(大平)을 기대하였다. (그러나) 노국 공주가 훙서한 후부터 슬픔이 지나쳐 뜻을 잃었다. 신돈에게 정치를 맡기자, 훈신과 현자를 차례로 죽이고 토목 공사를 크게 일으켜 백성들의 원성을 샀다. (공민왕은) 완동(頑童 : 의리를 모르는 흉악한 아이)을 가까이 하여 음예(淫穢)함에 빠지고 밤낮 술에 취해 좌우의 사람들을 구타하였다. 또 후사가 없는 것을 근심하여 이미 다른 사람의 자식을 취하여 대군에 봉하였다. 외인(外人)을 불신하여 몰래 폐신(嬖臣)에게 명하여 후궁을 더럽혀 욕보이게 하고 아이가 생기자 그를 죽여 입을 막고자 하였다. 패란함이 이와 같았으니 화를 면할 수 있었겠는가.

― 《고려사절요》 권 29, 공민왕

이와 같이 조선조의 역사책들은 개혁 실패 후 정신적 공황 상태에 빠져 헤매던 공민왕의 파행과 기행을 부각시키는 데 크게 지면을 할애하였다. 이는 기본적으로는 전 왕조의 부도덕성을 강조하여 조선의 개창을 합리화하고자 하는 서술 방침에 의거한 것이었다.

그렇지만 크게 아쉬운 것은 가장 중요하게 다루어야 할 당시의 시대 상황, 즉 공민왕과 신돈이 과감한 개혁을 추진할 수밖에 없었던 시대 정신을 애써 외면하려 했다는 점이다. 왜 그랬을까? 그것은 조선 전기의 훈구 세력이나 고려 말의 권문세족이나 기득권을 독점하고 있는 사회·경제적 입장에서는 별 차이가 없었기 때문이 아니었을까. 사실을 직필하는 직설적 화법은 도리어 자신들을 향한 비수가 되어 돌아올 수 있음을 두려워했던 것이 아니었을까.

원으로부터 고려의 자주권을 회복하고, 대내적으로는 농장을 개혁함으로써 사회 · 경제적 모순을 해결하려던 공민왕이 비명횡사한 후 그 역사적 과업은 신진 사대부들이 수행하였다. 공민왕이 반원 자주화, 권문세족 일소를 목표로 하는 개혁 정치를 펴면서 그 우군을 양성하기 위해 성균관을 재건하여 유학을 장려하고 때묻지 않은 유능한 인물들을 대거 등용한 결과였다. 이렇게 하여, 비록 공민왕의 개혁 정치는 권문세족의 반격으로 실패했지만, 신진 사대부라는 새로운 세력이 중앙 정치 무대에 자리잡게 되었다.

이들 신진 사대부들은 권문세족과는 달리 지방에 소규모의 토지를 갖고 있는 중소 지주 출신으로서, 배경보다는 실력으로 과거를 통해서 관리가 된 사람들이다. 이들은 성리학을 자신의 이념과 도덕의 지표로 삼았고, 권문세족의 토지 겸병으로 적잖이 피해를 입고 있던 터라 부패한 지배층에 매우 비판적이었다.

권문세족이 친원파라는 점에 반감을 갖고 있던 이들은 대륙의 정세 변화에 따라 점차 '반원 친명(反元親明)'의 목소리를 내기 시작했다. 친명파의 중심은 이색(李穡)과 그 문하인 정몽주(鄭夢周), 정도전(鄭道傳), 조준(趙浚), 권근(權近) 등 성리학을 신봉하는 젊은 유학자, 관리들이었다. 이들은 '반원 친명' 뿐 아니라 사전 개혁을 주장하고 나섰는데, 곧 권문세족의 농장 혁파를 겨냥한 것이었다.

개혁을 꿈꾸는 신진 사대부는 자신들과 출신 기반이 별로 다르지 않은 신흥 무인 세력과 손을 잡았다. 신흥 무인이란 당시 출몰하던 홍건적과 왜구 토벌에 공을 세워 명성을 얻은 군인을 일컫는데, 출신이 보잘것없기로는 신진 사대부와 다를 바 없었다. 이성계는 신흥 무인 세력의 대표 인물이었다.

이성계의 조상은 본디 전주에서 살다가 함경도 지방으로 옮겨가 그 지역의 유력자로 성장했다. 원이 그 지역에 쌍성총관부를 설치하자, 이성계의 아버지 이자춘은 원의 관리인 다루가치가 되었다. 고려로서는 반역적인 인물이었던 것이다. 그러나 이자춘은 공민왕이 쌍성총관부를 공격할 때 은밀히 동조해 와, 공민왕의 신임을 얻었다.

3장_견금여석(見金如石)

최영의 본모습

철성(鐵城) 최영(崔瑩)은 어릴 적에 그 아버지가 항상 경계하여 가로되, '황금 보기를 돌같이 하라(見金如石).'고 하니 항상 이 네 자로써 띠에 써서 종신토록 가슴에 품어 잃지 않았고, 비록 국정을 잡아 위엄이 중외에 행해져도 털끝만큼도 남에게 취하지 않아 가족이 겨우 먹고 사는 데 족할 따름이었다. 보통 때 요직의 고관들(宰樞)은 서로 부르고 맞아들여 바둑으로써 소일하며 보배로운 음식들을 다투어 베풀어서 호화로운 사치(豪侈)에 힘썼으나 공은 홀로 손님을 맞되 정오가 지나도록 음식을 내지 않다가 날이 저물어 기장과 벼를 섞어 밥을 짓고 겸하여 여러 나물 반찬을 내니 여러 손님이 배가 고파 나물밥을 다 먹고 나서 말하기를 '철성의 밥이 매우 달다.'고 하니 공이 웃으면서 말하기를 '이 또한 용병의 꾀(用兵之謀)이다.'라고 하였다.

— 성현(成俔), 《용재총화(慵齋叢話)》, 견금여석

이성계와 비교되는 최영은 유력한 권문세족 출신으로서 그 딸은 우왕(禑王)의 왕비였다. 이성계가 신흥 무인 세력의 대표라면 최영은 구세력의 대표라고 할 수 있다. '견금여석' 즉 '황금 보기를 돌같이 하라.'는 부친 원직(元直)의 가르침을 평생 가슴에 품고 살았을 정도로 물욕이 없었던 것과는 달리 유달리 정권욕이 심했던 최영은 우왕 14년(1388) '위화도 회군'을 단행한 혁명파에 의해 처단되었다.

《고려사절요》에서는 최영이 처단될 때 "그 낯빛이 평상시와 같았으며, 그가 죽자 많은 백성들이 눈물을 흘렸고, 말 탄 자들은 그 시체 옆에서 말을 내렸다."고 전한다. 그러나 이러한 사실은 이인임 일파의 처단 이후 한동안 국정을 장악했던 정치 거물의 죽음에 대한 소박한 민중들의 값싼 동정 그 이상도 이하도 아니었다. 왜냐하면, 최영은 친원파 권문세족으로서 고려 말 사회 개혁이라는 시대 정신을 억누르고 있던 장본인이었기 때문이다.

이성계가 위화도에서 회군하여 개경으로 쳐들어올 때 민중 사이에서는 "목자(木子)가 왕이 된다."는 동요가 불려지고 있었다. 민심의 향배는 이미 이성계 쪽으로 정

최영 장군 영정 친원파 권문세족의 일원이었던 최영은 물욕이 적었던 데 비해 정권욕은 한없이 컸다.

해진 것이나 다름없었다. 민심은 변화를 막는 부패한 기득권층에게 등을 돌렸던 것이다.

혹자는 최영의 요동 정벌을 긍정적으로 평가해 왔다. 1388년 2월 명나라가 본래 원의 쌍성총관부가 있던 철령(강원도 안변) 이북의 땅을 갖겠다는 통고를 한 후 불법적으로 철령위라는 관청을 설치하고 관리를 파견한 이른바 철령위 사건으로 인해 최영이 요동 정벌을 단행한 것은 민족적 자존심을 살린 일이었다는 것이다. 그리고 이에 '4불가론'을 내세운 이성계는 사대주의자라고 평가해 왔다. 그러나 이와 같은 종래의 일부 평가는 이성계가 위화도에서 회군할 당시 이를 반기던 민심을 외면한 것이다.

조선 시대의 역사서들에서는 당연히 최영에 대한 부정적인 평가가 주를 이루어 왔다. 그러던 것이 조선 후기 실학자 이익(李瀷, 1681~1763)의 단계에 이르면 최영이 요동을 공략한 것은 모종의 욕심을 채우려고 도모한 것이라는 이른바 음모론이 크게 부각되기에 이른다.

우리 태조(이성계)의 위명(威名)이 날로 성하여 나라 안의 세력을 둘러보아도 대적할 만한 상대가 없었는데, 최영은 오히려 상국을 침략하는 일을 핑계로 그 하고자 하는 바를 도모했다.

- 《성호사설류선(星湖僿說類選)》, 최영공료(崔瑩攻遼)

즉, 최영은 이성계와 결탁한 유생들의 반발에 위기감을 느꼈고, 이러한 정치적 난국을 타개하기 위하여 요동 정벌을 계획했다는 것이다. 요동 공격은 명과의 관계 회복을 위해 애쓰는 유생들에게 정치적

타격을 가할 수 있는 방편이었다. 그들은 명과의 관계를 통해서 정치적으로 성장했기 때문이다. 또한 이성계 휘하의 강력한 사병을 합법적으로 제거하는 데에도 효과를 거둘 수 있었다.

최영은 공민왕 12년(1363) 문하평리(門下評理)로 있으면서 정방(政房)에서 상당한 실권을 쥐고 있었다. 그는 시중(侍中) 유탁(柳濯)을 제치고 대간(臺諫)의 임명에 자신의 영향력을 발휘하여, 우달치 출신을 대간으로 삼고자 하였다. 최영은 우달치라는 왕과 밀착된 군사적 성격이 농후한 집단을 자신의 세력으로 끌어들이는 한편, 그들을 대간으로 진출시킴으로써 문인 출신의 관료들을 견제하려는 생각이었다.

그러나 최영은 공민왕 14년(1365) 신돈이 집권하면서 정계에서 물러나게 되었다. 최영이 갖고 있는 군사력은 개혁을 추진하는 신돈에게 있어서 매우 부담스러운 것이었다. 최영은 신돈이 몰락하고서야 관계에 다시 등장할 수 있었다.

공민왕이 살해당한 이후 최영은 공민왕 살해와 관련이 있는 자제위 소속 인물을 비호한 김흥경을 거세하고 군사 책임자로서의 지위를 계속 유지하였다. 하지만 우왕의 추대에 적극적이었던 이인임 일파가 주도권을 차지함으로써 그들과 협력하지 않으면 안 되었다.

최영은 우왕 즉위 이후 명과 원에 대한 관계로 벌어진 이인임 일파와 공민왕대에 새로이 등장한 문반 관료층과의 대립에서 이인임 일파를 두둔하였을 뿐만 아니라 이인임보다도 강력하게 문반 관료들을 처벌하고자 하였다. 이는 이인임 일파에 반기를 든 문반 관료층의 대부분이 신돈 집권기에 활동하여 성장한 인물들로서 도당(都堂)을 통한 재상 중심의 정치에 반대 입장을 표명하였기 때문이다. 그들은 과거를 통하여 정계에 진출한 문인들로서 최영의 세력과는 성격이 달랐다.

한편 이성계측의 군사력은 최영이 이인임 일파를 제거하는 데 도움이 되었으나 최영의 집권에는 장애 요소가 되었다. 그것은 이성계의 군사가 최영의 휘하 핵심 집단과는 달리 동북면의 일반 농민 출신이었다는 점에서 서로의 이해가 다를 가능성이 높았기 때문이다.

우왕이 즉위한 이후 명은 고려의 신정권이 명과의 화친을 중심으로 희망하는지를 시험하기 위해 대단히 무리한 요구를 해 왔던 것이 사실이지만, 시간이 지남에 따라 점차 우호적인 관계로 개선되어 가고 있었다. 우왕 11년(1385)에 명이 종래 거부해 오던 공민왕의 시호를 책봉해 주고, 우왕에 대해서도 왕위를 인정해 주었으며, 우왕 13

최영의 묘 경기도 고양군 벽제읍 대자리 소재.

년(1387)에는 관료들이 다시 명의 관복을 착용하는 등 고려와 명과의 관계가 원만한 상태로 변화하고 있었다.

이러한 시기에 최영이 요동 공략을 강행하려 한 것은 그것을 통해 국내 문제를 잠재우고 대외적인 면에 이목을 집중시켜 자신이 의도한 바를 달성하고자 했기 때문이다. 즉 그것은 요동 공략군으로 일반 농민 출신으로 구성된 지방 군인을 참가시켜 이성계를 비롯한 지방 장수들의 군사력을 소모시키고, 최영 자신이 팔도도통사가 되어 장수 개개인의 사적 지휘 체계를 해소하며, 또 자신의 집권에 적극 협력하지 않은 문인들을 국가의 대의명분을 내세워 정계에서 아예 내쫓거나 자신의 행동에 찬성하도록 하고자 한 것이다.

덕물산 성계육

따라서 거의 최영의 뜻에 의해 움직이고 있던 우왕은 1388년 4월 최영과 이성계를 불러 요동 정벌을 위한 출사의 명령을 내렸다. 그렇지만 최영의 야심을 눈치챈 개혁파들은 최영의 요동 정벌에 적극 반대하였다. 특히 이성계가 주장한 '공요4불가론(攻遼四不可論)'은 그 나름대로 현실적인 타당성을 지니고 있었다.

그것은 첫째, 소(小)로써 대(大)를 거역하는 것이 불가하고, 둘째, 여름에 군대를 동원하는 것이 불가하고, 셋째, 온 나라의 군사를 동원하여 원정하면 왜구가 그 틈을 노릴 것이기 때문에 불가하고, 넷째, 여름 장마철이라 활의 아교가 풀어지고 대군이 전염병에 걸릴 것이기 때문에 불가하다는 것이었다.

한편 이해 4월에 전국에 징병령이 내려졌을 때, 이에 대한 중외 백성들의 원망은 이인임 일파의 부패 정치에 대한 원망보다도 심하였던 점을 고려해야 할 것이다.

그러나 최영은 여론을 무시하고 요동 공격을 강행하였다. 고려군은 최영이 팔도도통사, 조민수(曺敏修)가 좌군도통사, 이성계가 우군도통사가 되고, 좌우군 3만 8천8백에 겸속 1만 1천6백 명의 5만여 대군으로 편성되었다.

우왕 14년 5월, 선봉대가 압록강 어귀의 작은 섬 위화도에 다다르자 최영은 압록강을 건너 진격하라는 명령을 내렸다. 하지만 이성계는 이에 불복하고 위화도 회군을 단행하였다. 휘하 장병의 절대적인 지지 속에 손쉽게 개경을 손에 넣은 이성계 일파는 구세력의 대표 최영을 고양으로 귀양 보내고, 우왕도 강화도로 쫓아냈다. 최영은 얼마 후 충주로 옮겨졌다가 위화도 회군이 있은 지 두 달 만에 그곳에서 참형당했다.

위화도

최영의 참형은 시대 정신을 가로막는 수구파 권귀에 대한 응징의 성격을 내포한다. 그렇지만 아직까지도 최영을 고려 왕조의 절신(節臣) 또는 영웅으로 인식하고 있는 사람들이 꽤 많다. 특히 우리나라의 무속 신앙에서는 최영이 가장 인기 있는 영웅신이다. 6 · 25 전까지도 경기도 파주군 덕물산(德物山)에 남아 있던, 우리나라에서 드물게 보는 무당 부락의 장군당(將軍堂) 본존 역시 최영이었다.

서울 이북 황해도 일대의 무속에서는 이 장군당이 신앙의 본거지이며, 무당들은 덕물산 위에서 기도함으로써 무력(巫力)을 얻는다고 믿었다. 덕물산에서는 2년에 한 번 음력 3월에 도당(都堂)굿을 하였는데 이때에 각처의 무당들이 모여서 일대 성황을 이루므로 이를 전국 제일의 굿으로 쳤다. 굿이 끝난 다음에는 잔치가 베풀어졌고, 이때의 명물은 국내 제일의 진미로 알려진 돼지고기였는데 이 고기를 성계육(成桂肉)이라 하여 최영을 죽인 이성계에 대한 분노를 나타냈다.

그런데 이러한 역사 인식을 민간 전승 문화라고 치부해 버리기에는 왠지 씁쓸한 생각이 든다. 우리나라 역사에서는 기득권 유지에 골몰하면서 민중들을 억압하는 데 앞장섰던 수구 세력이 오히려 영웅으로 추앙받고 있는 현상이 비일비재하다. 이러한 현상은 군사 독재 시절을 거치면서 우민화 정책에 의해서 더욱 강화되었다. 나는 한 인물을 평가할 때 그의 학벌, 배경, 사회적 지위 등과 같은 조건을 보기보다는 그 사람이 역사의 매 순간마다 시대 정신에 역행했는가 아닌가를 고려하는 것이 더 중요하다고 생각한다. 나무를 보기보다는 숲을 볼 줄 아는 역사적 안목이 절실한 것이다.

4장_ 온건파와 급진파

사전 개혁을 둘러싼 갈등

권력을 장악한 이성계 일파는 곧 온건파와 급진파로 갈리었다. 발단은 누구를 왕위에 앉힐 것인가 하는 문제였다. 이색, 정몽주 등의 온건파는 우왕의 아들 창(昌)을, 이성계, 정도전, 조준 등 급진파는 자기 파에서 새로운 인물을 내세우고자 했다. 이성계는 이인임 일파에 의해 추대되고 요동 공격에 찬성하는 등 수구 귀족 세력과 밀착된 우왕을 폐위시키고 종실 중에서 제3의 인물을 간택하여 옹립하려 하였다. 그러나 좌시중 조민수와 명유 이색 등 반이성계파의 고집으로 우의 아들 창이 왕위를 이었다.

창은 이때 나이 겨우 9세로서 이인임과 인척 관계에 있었고, 조민수는 또한 이인임의 당여로서 자신의 지위를 공고히 하고자 창을 옹립한 것이다. 그러나 조민수는 오래지 않아 이성계파의 탄핵으로 실각되고 그 대신 이색이 수상격인 시중에 올랐다. 이색은 이성계 일파와 대립 관계에 있었으나, 정치·군사적 실권은 이성계 일파에 의하여 장악되었다.

온건파와 급진파 사이의 주도권 싸움은 갈수록 치열해졌다. 급진파는 가장 큰 사회 문제인 사전 개혁을 추진하는 한편, 역성 혁명을 주장하며 왕조 교체를 준비하였다.

이색으로 대표되는 온건 개량파는 문란했던 전제(田制)를 통탄하고 토지 겸병에 반대하면서도 토지 사유제를 그대로 인정하면서 지주와 전호와의 상하 관계, 즉 분(分)의 설정에서 고려적 질서의 유지를 꾀하는 데 집착하였다. 이에 반해 급진 개혁파는 지주와 전호와의 윤리·도덕적인 분의 설정에 집착하기보다는 《주례(周禮)》의 이상을

정몽주(1337~1392) 고려 말 온건 개선파의 수장. 이방원이 역성 혁명을 종용하기 위해 〈하여가(何如歌)〉를 읊어 그의 마음을 확인하려 하자 〈단심가(丹心歌)〉로 응수하여 그것을 단호하게 거절하였다.

이색(1328~1396) 고려 말에 성리학을 흥기시킨 대학자. 원나라에서 문과에 급제하였고 귀국 후에는 성균대사성과 우왕의 사부를 역임하였다. 공양왕 때에는 판문하부사를 역임하였을 만큼 엘리트 코스를 밟은 당대의 지식인이었지만, 조선의 개창에 대해서는 부정적인 입장을 견지하였다.

따라 국가사회주의적인 경제 정책을 추구하고, 공전제에 바탕을 둔 전호의 자작농화를 시도하였다.

급진 개혁파의 선봉은 정도전이었다. 정도전은 공민왕 때 관직에 진출한 신진 사대부로서, 성리학에 학문적 바탕을 두고서 공민왕의 개혁 정치를 지지한 인물 중 한 사람이었다. 정도전은 윤소종(尹紹宗) 등과 함께 공민왕대에 신돈의 개혁 정치에도 참여하였으며, 우왕대에 이미 이성계를 찾아가 혁명을 결의하였다.

그는 1374년에 공민왕이 시해당하자 이 사실을 명나라에 알려야 한다고 주장하다가 권문세족 이인임의 미움을 받은 적이 있었는데, 다음 해에 이인임이 다시 원나라를 섬기려 하는 데 반대하다가 결국 전라도 나주로 귀양을 갔다. 가뜩이나 부패한 사회 풍조에 불만이 많았던 정도전은 이러한 과정을 거치면서 사회 개혁을 위한 의지를 더욱 불태웠다.

혁명 주체가 된 서얼들

정도전이 혁명파에 가담하여 급진적인 토지 개혁책을 제시한 것은 그의 출신적 배경 때문이었다. 혁명파 중 고려 말의 거유(巨儒) 밑에서 계통적으로 성리학을 공부한 인사는 정도전 한 사람뿐이다. 혁명파 인사 중에는 조준(趙浚), 유경(劉敬), 함부림(咸傅霖), 오사충(吳思忠) 등 상당한 학식을 갖춘 문과 합격자가 적지 않았으나 이들은 관학 기관의 거유들 밑에서 계통적으로 유학을 공부한 인사들이 아니라 자수성취한 경우가 대부분이었다.

여말의 거유 이색의 문하에서 정통적으로 성리학을 공부한 정도전이 학우인 정몽주, 이숭인(李崇仁) 등 저명한 성리학자들과 사생의 길을 달리하면서 혁명파에 가담한 것은, 자신의 의지와 관계없이 타고난 혈통상의 하자 때문이었다. 정도전은 정운경(鄭云敬)과 우연(禹淵)의 서녀 사이에서 세 아들 중 장자로 출생하였다.

대체로 혁명파에 가담한 인사들은 혈통상 약점을 지닌 이들이 많았다. 비록 부계는 사족(士族)에 속한다 하더라도 모계나 처계에 비첩(婢妾)의 피가

정도전(1342~1398) 조선의 건국과 문물 제도의 정비를 주도한 풍운아. 그는 사실상 왕권을 능가하는 무관(無冠)의 제왕(帝王)을 꿈꾸었다. 종묘공원 내 정도전 시비 뒷면의 부조.

섞인 이들 가운데서 개국공신이 많이 배출되었다. 정도전, 함부림, 이화(李和), 조온(趙溫), 장담(張湛) 같은 이가 그러한 부류에 속한다. 또 모계나 처계는 말할 것도 없고, 부계조차도 벼슬한 경험이 없는 순수 평민으로서 무예를 익힌 축들이 혁명파에 가담하였다.

고려 사회의 성격은 지배층, 특히 고위 지배층의 관인 신분이 세습적이라 할 만큼 대대로 계속되었다는 점에서 관료제가 시행되고 있었음에도 불구하고 귀족제 사회로 이해될 수 있는 면이 컸다. 누대의 고관을 배출한 고려 전기의 최고 지배층인 문벌귀족은 적은 인구로

구성되어 여러 대에 걸친 계급 내혼에 의해 혈연으로 뒤얽혀 서로 비호하고 끌어 줌으로써 재추(宰樞)를 비롯한 고관의 자리를 대대로 차지할 수 있었다.

이들보다 하위의 지배층들도 고관으로의 진출이 법으로 금지된 것은 아니었지만, 혈연으로 얽힌 귀족들이 정권을 주도하는 속에서 이들이 고관이 되는 것은 그만큼 어려웠다. 더욱이 고려 후기에 가면 장원이라는 경제적 기반을 소유한 권문세족들이 정권을 농단함으로써 신분에 하자가 있는 지식인이 사회 상층부로 편입되는 것은 원천적으로 불가능하였다.

과전법의 시행

조선 왕조는 이와 같이 사대부 유신(儒臣)들의 합일된 의지로써 세워진 것이 아니라, 사대부 대열에서 낙오될 위기에 처한 하층 사대부들이 이성계를 수령으로 하는 변방 무사와 평민 군사의 힘을 빌어 건설한 것이다. 따라서 혁명파의 개혁 방향과 새 왕조의 통치 방향은 사대부의 이해만이 아니라, 무사층을 비롯한 국민 각계각층의 이해를 좀더 폭넓게 조정하는 적극적 개혁을 수반하지 않을 수 없게 되었다.

사전 개혁은 이들 세력에 의한 경제적인 구질서의 파괴요 신질서의 수립이었다. 그것은 사전을 혁파하여 권문세족이 지닌 기득권을 해제하고 백성 중심의 경제적 개혁을 추진하려는 것이었다. 비록 "이인임의 관을 쪼개어 송장의 목을 베고 집터에 못을 파자."는 윤소종의 청이 받아들여지지는 않았지만, 권문세족에 대한 개혁 세력의 원망은 가히 짐작할 만한 것이었다.

　그렇지만 이때 수구 기득권층의 반개혁적 분위기도 완강하였다. 실권을 잡은 이성계가 조준 등과 더불어 사전을 개혁하고자 하여 백관으로 하여금 가부를 의논하게 하였으나, 모두가 반대하였다. 이에 굴하지 않고 끝까지 사전 혁파를 주장한 쪽은 정도전과 윤소종 같은 개혁파였다.

　사전 개혁은 전국 토지를 개량(改量)하는 작업으로부터 시작되었다. 토지 개혁 운동은 창왕 즉위년(1388) 7월 대사헌 조준의 상소로 시작되어 많은 우여곡절을 겪었다. 그 결과 공양왕 2년(1390)에 종래의 공사전적(公私田籍)을 모두 불살라 버렸고, 공양왕 3년(1391) 5월에는 새로운 전제의 기준이 되는 과전법(科田法)을 공포하였다.

　과전법은 여말 권문세족이 소유한 농장의 확대와 같은 지나친 사적 소유를 방지하기 위하여 토지 공개념을 도입함으로써 민생과 국부의 균등한 안정을 보장하기 위한 것이었다. 정도전은 조선 건국 이후 과전법을 다음과 같이 평가하였다.

　　옛날에는 토지를 관에서 소유하여 백성들에게 나누어 주었으니, 백성들이 경작하는 토지는 모두 관에서 나눠 받은 것이었다. 천하의 백성들은 토지를 받지 않은 사람이 없었으며 경작하지 않는 사람도 없었다. 그러므로 백성들은 빈부나 강약의 차이가 그다지 심하지 않았으며, 토지의 소출이 모두 국가에 들어갔으므로 나라도 부유했었다. …백성에게 토지를 나누어 준 것은 비록 옛사람에게 미치지 못했으나, 전제(田制)를 정리하여 일대(一代)의 법을 만들었으니, 고려조의 문란했던 전제에 비한다면 어찌 몇 만 배나 낫지 않았는가.

　　　　　　　　　　　－《조선경국전(朝鮮經國典)》 부전(賦典) 경리조(經理條)

위화도 회군 이후 이성계 일파에 의하여 추진된 전제 개혁 운동은 불과 1년 남짓한 기간 안에 큰 진전을 보였고, 양전 사업은 거의 매듭을 짓게 되었다. 이로써 전국 토지의 공유화가 눈앞에 다가오고 사대부에 대한 토지 재분배가 곧 실현될 상황에 이르자 다급해진 대토지 소유주 구가세족들은 마지막 저항을 꾀하였다.

구가세족의 저항과 진압

그들은 앞서 이성계에 의하여 몰려난 우왕과 권문세족에 의하여 옹립된 창왕을 중심으로 결집하여 이성계 일파를 정계에서 몰아낼 음모를 꾸몄다(창왕 원년 11월). 그러나 이 계획은 사전에 발각되어 도리어 권문세족의 잔존 세력이 대거 숙청되는 결과를 가져왔다. 이 사건은 최영의 조카인 김저(金佇) 등이 이성계 살해의 하수인역을 맡았고, 또 그의 고백으로 많은 연루자가 처벌되었기 때문에 세칭 '김저의 옥'이라고도 한다.

이성계 일파는 차제에 반개혁파 세력을 철저히 제거하기 위하여 우·창 부자를 신돈의 자손이라는 이유를 들어 폐출 살해하고, 앞서 위화도 회군 이후 유배되었던 최영을 사형에 처하였다. 그리고 이색(李穡), 이림(李琳), 변안렬(邊安烈), 우현보(禹玄寶), 우홍수(禹洪壽), 왕안덕(王安德) 등 반개혁파의 거두들을 관직에서 축출하였다. 이어서 신종(神宗)의 7대손이며 이성계의 인척이기도 한 정창군(定昌君) 요(瑤)를 공양왕에 즉위시켰다. 정창군 요의 모제(母弟)인 우(瑀)의 딸이 이성계 7남 방번(芳蕃)의 처였다.

공양왕 즉위 후 반개혁파 세력이 제거되면서 전제 개혁 운동은 한층 순탄하게 추진되었다. 공양왕 2년(1390) 1월에 신전적(新田籍)을 반포하고, 이어서 동년 9월에는 구전적(舊田籍)을 불태워 버림으로써 개혁파에 의하여 작성된 새 토지대장만이 유일한 법적 효력을 갖게 되었다.

이성계를 암살하려던 김저 사건과, 명나라 황제에게 이성계가 명을 침범할 것이며, 이성계에게 실각된 재상들이 명의 고려 토벌을 희망한다고 보고한 윤이(尹彝), 이초(李初) 사건을 계기로 구신(舊臣)들이 대부분 하옥 또는 유찬됨에 따라, 공양왕 2년 12월에 이성계가 시중[侍中 : 수상(首相)]에 오름으로써 명실상부한 정권의 제1인자가 되었다. 공양왕 3년(1391) 정월에는 군정(軍政)을 개혁하여 종래의 오군(五軍) 제도를 폐하고 삼군도총제부(三軍都摠制府)를 신설하여 이성계, 조준, 정도전이 각각 도총제사, 좌군총제사, 우군총제사가 됨으로써 병권을 개혁파가 완전히 장악하였다.

삼군에는 일반 군사뿐만 아니라 과전을 받은 한량관까지도 소속시킴으로써 이성계 일파는 한량관에 대한 통제권을 장악하게 되었다. 삼군도총제부 설립은 병권의 장악보다는 한량관에 대한 통제권 장악에 더 큰 의의가 있다.

이성계 일파는 위화도 회군 이래로 정치·군사의 실권을 완전히 장악했을 뿐만 아니라, 전제 개혁을 단행함으로써 구세력의 몰락을 불러오고 신세력의 경제 기반을 닦아 놓았으며 국가 수입의 증대와 농민 생활의 향상을 가져올 수 있는 터전을 마련해 놓았다. 그 위에 재야 관인 세력까지도 포섭·통제하게 됨으로써 그들이 목표로 하는 강력한 중앙집권적 관료 국가의 건설을 위한 정치·경제·군사적 기초를 다져 놓는 데 성공하였다.

　그리고 그때까지의 개혁의 성과를 총체적으로 마무리하여 법제화한 과전법을 공포하였다. 과전법의 기본 방향은 첫째 토지의 공유화, 둘째 균전제의 실시, 셋째 십일(什一)세법의 실시, 넷째 농민에 대한 불법적 수탈의 엄금 등이 기조를 이루었다.

　그렇지만 개혁파 관리들이 처음에 의도했던 대로 계민수전(計民授田)의 원칙, 즉 일반 백성(농민)까지도 포함하는 균등한 토지 재분배를 달성하지는 못하여 토지 분배의 불균등에 대한 불평이 일어나기도 하였다. 이에 정도전은 "옛날의 올바른 토지 제도를 복구하려 하였으나 구가세족의 비방과 방해로 말미암아 공전(公田)이 고르지 못하다."고 자인하면서 자신의 직책을 사양하려고까지 하였다.

공양왕릉 경기도 고양시 원당 소재.

그러나 토지 국유의 원칙을 고수한 과전법을 통해서 관료와 군인, 기타 공역을 가진 자에 대한 수조지 분배는 어느 정도 충족되었으며, 외방의 광범한 탈세지가 공전화됨으로써 국가 수입의 증대를 가져온 것은 전제 개혁의 중요한 성과의 하나였다. 과전법을 통해서 경작자인 농민들은 일단 법적으로 과거의 무거운 세금에서 해방됨으로써 재생산을 보장받게 되었다. 조세율에 있어서는 개혁파의 이상이 거의 실현되어 민생의 안정에 크게 기여하게 되었으며, 이것은 전제 개혁의 또 하나의 성과였다.

과전법의 성립으로 고려 말기의 전제 개혁은 결론적으로, 국가 재정의 안정, 관료의 생활 보장, 농민 생활의 안정, 군량미의 확보라는 측면에서 어느 정도 개혁파 관리들의 목표를 달성할 수 있었다. 요컨대 전제 개혁의 성과는 정도전이 뒷날 술회한 바와 같이 비록 옛날의 이상적 전제 개혁을 이루지는 못했으나, 고려 시대의 문란한 전제에 비한다면 천양지차의 발전을 보인 것이다.

공전의 증대는 국가의 수입을 증가시켰고, 사전 개혁을 통해서 혁명파는 경제적인 실권을 손아귀에 넣게 되었다. 이제 이성계, 정도전, 조준 등 혁명파에게는 새 왕조 건설의 절차만 남은 상태였다.

5장_ 새 역사의 시작

조선 왕조 개창

공양왕 4년(1392) 4월 4일, 왕조 교체를 끝까지 반대하던 온건파의 태두 정몽주가 선죽교에서 이성계의 아들 이방원(李芳遠)에 의해 죽음을 당했다. 그의 나이 66세, 이성계보다 한 살 아래였다. 죽기 직전 이방원의 회유를 물리치기 위해 '단심가(丹心歌)'를 지어 임금에 대한 절개를 노래했다는 일화가 전해져 오지만, 시대의 변화를 인정하지 않으려는 보수 지식인의 비참한 말로는 애처로울 뿐이었다.

정몽주는 반원 친명 정책, 조민수의 배척, 공양왕 옹립 등에 있어서는 대체로 개혁파와 보조를 같이해 왔으나 그의 기본 태도는 어디까지나 개량주의에 머물러 있었으므로 급진적 개혁파와는 일정한 간격이 있었다. 따라서 그는 전제 개혁 논의에 있어서도 중립적인 태도를 견지하였다. 구신 세력의 경제적 기반을 붕괴시키는 데 성공한 개혁파 세력이 구체제의 이념적 지주인 불교를 몰아내고 사원 경제를 해체하기 위해 추진한 척불 운동에 있어서도 정몽주는 미온적인 태

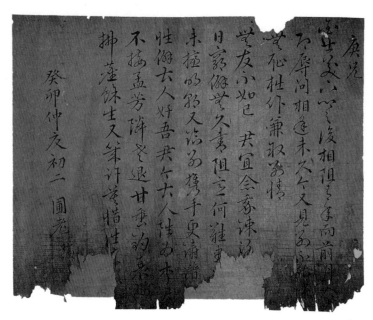

정몽주 서간

도를 보이는 등 항상 신·구 세력의 갈등 속에서 중간적인 노선을 지켜 왔다.

그러나 전제 개혁 이후 개혁파의 승리가 굳어지고 구세력에 대한 탄압이 노골화되자 그는 마침내 개혁파와 완전히 결별하여 적대 관계에 이르게 되었다. 그는 개혁파를 제거함으로써 급진적 개혁을 저지하려는 의도를 품게 되었다.

그러던 중 공양왕 4년 3월, 이성계가 해주에서 사냥하다 낙마하여 중상을 입게 되자, 정몽주는 상소를 통해 정도전, 조준, 남은(南誾), 윤소종, 남재(南在), 조박(趙璞) 등 개혁파의 핵심 인물을 탄핵하여 그들을 원방(遠方)으로 몰아내는 데 성공하였다.

이성계 일파는 일대 위기에 처하였다. 그리고 합법적인 운동으로 서는 수구 세력의 제거가 불가능하다는 것을 깨달았다. 그들은 비상 수단을 썼다. 그리하여 이성계의 다섯째 아들 이방원이 전격적으로 개혁파의 최대 정적이었던 정몽주를 습격하였다. 정몽주의 피살로 전세는 역전되어 이성계 일파는 실권을 되찾고 정몽주 추종 세력은 거의 제거되었다.

이러한 상황에서 같은 해 7월에 이방원, 남은 등은 비밀리에 조인 옥(趙仁沃), 조준, 정도전, 조박 등 50여 명의 관리들과 협의하여 이 성계 왕위 추대 공작을 추진하였다. 그들은 먼저 도평의사사의 결의 를 거쳐 추대 공작을 합법화시킨 다음, 왕대비〔공민왕 정비(定妃)〕에 게 요청하여 공양왕을 폐위시키고 그가 내놓은 국새를 들고 이성계 를 찾아가서 왕위에 오르기를 간청하였다. 그리하여 1392년 7월 17 일, 34왕, 475년의 왕업을 이어 온 고려 왕조는 종말을 고하고 새로 운 왕조, 조선의 역사가 시작된다.

말 장수와 썩은 선비

개혁파 세력의 승리는 그들을 추종한 농민 군사의 지지와 협조가 있었기에 가능하였다. 이성계 권력의 기초는 군사력에 있었으며, 그 를 추종하던 군사는 구체제·구세력에 의해서 고난을 당하던 농민 출신이었다. 그리고 고려 후기 이래의 줄기찬 농민 봉기가 개혁을 유 도한 근본 요인의 하나가 되기도 한 것이다. 그러므로 개혁파의 승리 와 신왕조의 건국은 동시에 농민 대중의 일정한 승리를 의미하는 것이기도 하다.

1392년 7월 12일, 공양왕은 폐위되어 원주로 쫓겨나고 이성계가 왕위에 올라 새 왕조를 열었다. 이는 곧 이성계를 보좌해 온 정도전, 조준, 권람(權擥), 남은 등 신진 사대부의 승리였다. 이들은 처음에는 권문세족과, 나중에는 신진 사대부 내의 수구파와 싸워 왕조 교체를 성사시켰다.

그러나 이들의 역성 혁명은 체제 안정을 바라고 있던 대다수 성리학자들의 지지를 받지 못하였다. 두문동이란 마을에서 모여 살던 고려의 옛 신하들이, 마을에 불을 질렀는데도 대부분의 사람들이 그냥타 죽었다는 이야기는 당시 새 왕조에 대한 반감이 어느 정도로 심했는가를 말해 준다.

이들이 혁명파의 역성 혁명을 반대하고 고려 말 사회 모순의 근본인 토지 사유화를 유지하고자 한 것은 그들의 사회·경제적 기득권을 잃지 않으려는 반동적 이유 때문이었다. 겉으로는 '불사이군(不事二君)'과 같이 유학적 이념으로 고려 왕조에 대한 절의를 표방했지만, 내면적으로는 신분적으로나 사회·경제적으로 자신들보다 훨씬 아래에 있다고 판단한 자들의 정권 장악과 그 개혁 내용을 결코 수용할 수 없었던 것이다. 어차피 기득권을 상실할 바에야 목숨을 내놓고라도 저항하는 쪽을 택한 것이다.

조선을 개국한 후 이성계는 반대파를 달래기 위해서, 수구파 성리학자들의 영수인 이색을 불러들여 한산백(韓山伯)에 봉하는 등 회유 정책을 썼다(1395). 이 자리에서 이색은 "개국하던 날 어찌 저에게 알리지 않았습니까? 어찌 마고(馬賈: 말 장수)로 하여금 (추대하는) 수석이 되게 하셨습니까?"라고 따져 물었다. 말 장수는 배극렴(裵克廉)

을 가리킨 것으로서 조선의 개국 자체가 매우 저열한 자들에 의해서 단행된 것이라는 점을 지적한 것이다. 이때 남은이 옆에 있다가, "어찌 그대 같은 썩은 선비에게 알리겠는가?"라고 응수하였다.

민심 수습이 우선 과제였던 이성계는 이색이 일단 새로운 왕조에 신복하기로 하였으므로 남은을 꾸짖어 언쟁을 더 이상 하지 못하도록 만류하였다. 그리고 이색을 옛날 친구의 예로 대접하여 중문까지 나가서 전별하였다. 그렇지만, 고려 말에 정동행중서성 낭중 도첨의찬성사라는 고관을 지낸 이곡(李穀)의 아들로서 일찍이 원나라에서 한림원에 등용되는

이성계(재위 1392~1398) 변방 무장 출신으로 출발하여 홍건적과 왜구를 격퇴하는 과정에서 일약 고려국의 젊은 영웅으로 급부상하였다. 마상무예(馬上武藝)와 궁술(弓術)에 뛰어났는데, 특히 그 활솜씨는 백발백중의 신기(神技)를 자랑하였다. 정도전과 같은 개혁적 선비들과 유대를 맺으면서 조선의 개국 시조로 등극하였다.

등 엘리트 코스를 밟아 온 이색의 오만한 태도는 조선을 개창한 개국 공신들에게 반감을 불러일으켰다.

얼마 후 개혁파의 일원이었던 남재가 이색의 아들 종선(種善)을 불러서 "존공(尊公 : 이색)이 광언(狂言)을 하여 이를 논의하는 자가 있으므로, (조정에서) 떠나지 않는다면 반드시 화를 입을 것이오."라고 경고하였다. 그 후 1년이 채 못 된 병자년(1396) 5월, 이색은 신륵사에 피서를 갔다가 그곳에서 병사하였는데, 그의 사인에 관해서 의문을 제기하는 사람들이 많았다.

제2부

학문적 이상과 현실 정치

6장_정도전의 야망과 좌절

한 고조와 장자방

우여곡절을 겪으면서 조선이 개창되었지만, 이내 왕권과 신권 간의 대결 양상이 전개되었다. 그것은 조선을 개창한 세력들 중 성리학을 수학한 신진 사대부들이 핵심 이론가의 역할을 담당하고 있었기 때문이다. 새나라가 건국되자 정도전은 그의 학문적 이상을 실현해보고자 하였다. 그의 야망은 필연적으로 왕권과 신권의 대결을 유발하였다.

조선은 명종·선조대를 기점으로 사림파 성리학자들이 국정을 완전히 장악하면서부터 부국강병을 우선하는 선초의 신유학적 전통이 단절된다. 그리고 현실보다는 의리와 명분을 보다 중시하는 사림파들의 세상이 도래한다.

선초의 신유학은 본래 송(宋)의 주자학이 원(元)에 의해 한차례 걸러진 것으로 형이상학적인 성리설보다는 현실적인 측면이 더 강조되었다. 여말선초의 유학 사상계는 단순히 성리학에만 국한되지 않는

정도전 사당 경기도 평택시 진위면 은산리 소재. 정조 15년에 증보판으로 만들어진 《삼봉집》 목판본이 보관되어 있다. 경기도 유형 문화재 132호.

좀더 넓은 외연을 유지하고 있었던 것이다. 게다가 조선이 개창되면서 성리학이 지배적 위치를 차지하긴 했지만, 공리적(功利的) 사고를 중시하는 한당 유학(漢唐儒學)의 가치관이 잔존한 것도 조선 전기 사상계의 특징을 보여 준다.

따라서 조선 전기의 여러 국가 정책은 실제 부국강병(富國强兵) 위주의 공리를 추구하는 면이 강했다. 조선 전기에 여러 기술학(技術學)이 존중된 것도 공리와 실용을 존중하는 정치 문화에서 배태된 것이다. 이에 반해서 중기 이후의 사림파 성리학자들은 우주 자연과 인간 본성의 탐구라고 하는 성리학의 형이상학적 측면을 중시하였으므로, 조선 전기의 관학파 성리학자들이 중시한 공리나 실용의 가치를 성리학의 순수성을 훼손시킨다는 이유로 배척하였다. 그렇지만 양자 간에는 학문의 공리주의(功利主義)에 대한 상반되는 견해에도 불구하고, 사대부 위주의 사회 체제 수립을 공통분모로 하는 사상적 동질성이 일관되게 유지되고 있었다.

그것은 조선을 개국하는 데 결정적인 역할을 한 정도전으로부터 비롯된다. 정도전은 학문의 공리성을 중시한 이유로, 의리와 명분을 내세우는 후대 사림파들에게 진정한 성리학자가 아닌 간신이라고 매도당했다. 이러한 비판에는 조선 개창을 반대했던 정몽주-길재(吉再)를 연원으로 하는 조선 중기 사림파*들의 보수적인 입장이 반영된 것으로 보여진다. 그렇지만 어쨌든 역사적인 관점에서 볼 때, 정도전

---

* 사림파. 16세기 사화기(士禍期)에 훈구파에 대립한 재야사류(在野士類)를 배경으로 한 정치 세력. 고려 말 성리학자 길재(吉再)에서 그 연원을 찾으며, 그의 학통을 이은 김숙자(金淑滋)를 거쳐 김종직(金宗直)을 사종(師宗)으로 삼고 있다.

이 주장한 재상 중심의 정치 체제는 사림파들의 이상을 앞서서 실현코자 했던 첫 시도로 평가할 수 있다.

정도전은 본래 군주의 전제권을 부정하고 총재가 국정의 실질적인 권한을 행사할 수 있기를 원했다. 역성 혁명이 가능할 수 있었던 배경에는 위화도 회군을 단행한 이성계의 군사력이 큰 힘이 되었던 것이 사실이지만, 정도전의 야심 또한 만만치 않았다. 정도전은 개국할 즈음에 술에 취하면 왕왕, "한 고조(漢高祖)가 장자방(張子房)을 쓴 것이 아니라, 장자방이 곧 한 고조를 이용한 것이다."라고 말하곤 하였다. 이것은 바꾸어 말하면, 자신의 정치적 포부를 실현하기 위해 이성계의 무력을 이용했다는 독백이다. 여기에서 우리는 무관(無冠)의 제왕(帝王)을 꿈꿨던 정도전의 포부를 엿볼 수 있다.

그러므로 정도전은 문물 제도를 정비하는 조선 초기의 상황에서 정치적 실권이 자신을 비롯한 관료층에게 수렴될 필요를 절박하게 느낀다. 왜냐하면 이성계는 즉위 전부터 승려들과 교유가 깊어, 조선 건국 이후에는 자연히 승려들의 지위가 상승되는 분위기가 형성되고 있었기 때문이다.

정도전은 이와 같은 분위기를 만회하기 위하여, 유학자의 입장에서 불교 교리의 모순점을 비판한 〈불씨잡변(佛氏雜辨)〉을 저술하였다. 지금까지도 이 글은 불교 교리를 논리적으로 비판한 최고의 명문으로 손꼽힌다.

우리는 지(知)와 행(行)을 말하고, 저들은 오(悟)와 수(修)를 말한다. 우리의 지(知)는 만물의 이치가 내 마음에 갖추어 있음을 아는 것이요, 저들의 오(悟)는 이 마음이 본래 텅 비어 아무것도 없음을 깨닫는 것이며, 우리의 행(行)은 만물의 이치에 따라 행하여 잘못되거나 빠뜨림이 없는 것이요, 저들의 수(修)란 만물을 끊어 버려 내 마음에 누가 되지 않게 하는 것이다.

－《삼봉집(三峯集)》권 5, 〈불씨잡변〉

그러나 이 논설은 성리학자가 이단을 배척하기 위해서 쓴 단순한 학구적 논설이 아니었다. 실제에 있어서는 불교 세력을 정치적으로 견제하여 사회 · 정치적인 혁명을 달성하기 위한 하나의 수단이었다.

무학 대사

교리 논쟁뿐만 아니라, 한양으로의 천도 과정에서도 정도전과 불교 세력은 충돌을 일으킨다. 태조는 개성에 남아 있겠다던 즉위 당시의 마음을 바꾸어 한 달 만에 천도를 결심하고 한양(漢陽)과 공주 계룡산, 그리고 무악(母岳)을 둘러보았다. 그러던 중, 태조 3년 8월에 한양을 도읍지로 최종 결정하였다.

여기서 잠깐 무악이라는 지명에 대해 살펴보도록 하자. 보통 무악은 서울 인왕산(仁旺山) 서쪽에 우뚝 솟은 두 산봉우리를 가리키는 것으로 말안장과 비슷하다 하여 일명 안산(鞍山)이라고 칭하는 곳이다. 홍제동으로 넘어가는 고개는 이 산 중간을 넘으므로 무악재라고 하고, 한양 천도 공로자인 무학 대사(無學大師)와 인연이 있다 하여 무악재라는 이름이 생겼다고도 한다. 그런데 지리학자인 최창조(崔昌祚) 교수는 '무악' 대신에 '모악'으로 불러야 정확한 지명이 될 것이

서울 성곽 낙산에서 바라본 성곽 안으로 600년 고도 서울의 현대적 전경이 펼쳐져 있다.

라고 주장한다.

한양은 오늘날 서울 시내 중심가를 형성하고 있는 서대문 안과 그 인근을 지칭하는 지명이고 모악은 현재 서울 서강(西江), 신촌(新村) 일대를 일컬은 것인데, 모악(母岳)은 간혹 무악(毋岳)이라 기재된 곳도 있다. 예를 들면 《신증동국여지승람(新增東國輿地勝覽)》에는 무악이라고 씌어 있고, 《동국여지비고(東國輿地備考)》에는 모악이라 명기하고 있다. 그런데 이수광(李睟光)이 《신증동국여지승람》에서, '부아암(負兒岩)이 집을 나가는 형상이 있기 때문에 민간에서 이 산을 이르기를 모악(母岳)이라 이름하였다.' 는 설명을 하고 있는 것을

보면 모악이 맞고 무악은 무학(無學)에 비유시킨 음전(音轉)이 아니
었을까 여겨진다.

– 최창조, 1984, 《한국의 풍수사상》 214쪽

아무튼 이성계가 당초의 마음을 바꾸어 천도를 서두른 것은 음양
술수가의 풍수도참설에 크게 영향을 받았기 때문이다. 그 중심 인물
이 무학 대사였다. 무학은 이름이 자초(自超)로 고려 말부터 이름을
떨쳐 공양왕이 왕사로 모시려고 했던 인물이다. 조선이 건국되자 태
조 원년(1392)에 송경(개성)에 가서 태조의 청으로 왕사가 되었다. 이
듬해부터 천도를 위해 지상(地相)을 보러 계룡산과 한양 등지를 태조
와 함께 돌아다녔다.

무학 대사가 태종 5년(1405) 9월 20일에 입적했을 때, 태종이 그의
뼈를 회암사(檜岩寺) 부도(浮屠)에 안치하도록 명령한 것도 사실은
무학 대사를 아끼는 태조의 배려에서였다. 태조 이성계가 일찍이 무
학 대사를 위하여 미리 부도를 세워 놓았기 때문이다. 그리고 함흥차
사(咸興差使)라는 말이 생겼을 정도로 태조와 태종의 사이가 벌어졌
을 때에도, 1402년(태종 2) 이후 다시 함경도로 들어가 돌아오지 않
던 태조를 달래어 한양으로 오게 한 인물이 무학 대사였다. 이와 같
이 태조는 무학 대사에게 흠뻑 빠져 있었다.

태조가 불교 승려를 가까이 하면서 천도를 강행하자, 관료들은 이
를 강력히 반대하였다. 정도전은 천도와 같은 큰 역사는 백성들의 생
활 안정을 먼저 고려해야지 음양술수가의 말에 현혹되어서는 안 된
다는 뜻으로 다음과 같이 주장한다.

신은 음양술수에 대하여 배우지 못하였는데, 지금 여러 사람의
의론이 모두 음양술수에서 벗어나지 못하니, 신은 진실로 무엇을 말
씀드려야 할지 모르겠습니다.

- 《태조실록》 권 6, 태조 3년 8월 기묘

판삼사사 정도전뿐만이 아니라, 정당문학 정총(鄭摠)과 첨서중추
원사 하륜(河崙) 등도 모두 개성을 떠나서는 안 된다는 반대론을 표
명하였다. 한양 천도를 두고 벌어진 신료들의 반대는 단순히 신진 사
대부와 불교 세력의 충돌이 아닌 불교 세력을 끼고 도는 왕권과 신권
의 갈등에 다름 아니었다.

진도 훈련

왕권에 대한 정도전의 도전은 즉각 이방원에게 포착되었다. 이방
원은 왕자 중에서도 개국에 공로가 크고 야심과 자질이 큰 인물이었
다. 그는 이성계가 조선을 건국함에 있어서 가장 큰 공을 세운 인물
이었다.

이러한 점이 오히려 왕실 세력의 증대를 꺼려하고 유신 중심의 집
권 체제를 강화하려는 정도전 등 개혁파 유신의 경계와 견제심을 불
러일으켜 이방원은 개국 공신에도 피봉되지 못했고(태조 7년 12월에
비로소 추록됨), 태조 즉위 초의 세자 책봉 경쟁에서도 탈락되었다.

이성계에게는 자식이 여덟 있었는데 방우(芳雨), 방과(芳果), 방의
(芳毅), 방간(芳幹), 방원(芳遠), 방연(芳衍)은 신의왕후(神懿王后) 한

씨(韓氏)의 소생이고, 방번(芳蕃), 방석(芳碩)은 신덕왕후(神德王后) 강씨(康氏)의 소생이었다.

태조 즉위 초 세자 책립시에 배극렴 등은 현 시국이 국가 비상시라는 이유를 내세워 맏아들보다는 개국에 공이 큰 방원을 세자로 삼을 것을 건의하였다. 그러나 이때 한씨는 이미 별세한 후로 태조는 계비 강씨의 뜻을 중히 여겨 강씨 소생인 방번을 세자로 삼으려고 하였다. 그러나 방번은 왕위에 오를 자질이 되지 못한다는 배극렴, 조준 등의 반대에 부딪히자 역시 강비 소생인 방석을 세자로 삼게 되었다. 이방원은 이성계 및 그의 고굉(股肱)의 신하인 개혁파 관리의 지지를 얻지 못하여, 결국 계비 강씨의 소생인 제8자 방석이 세자로 책봉되기에 이르렀으며, 세자 보도의 책임은 정도전이 지게 되었다.

또한 태조 3년 이후부터 병권이 정도전에게 위임되어 그를 주축으로 병정(兵政) 개혁이 추진되기 시작하자 방원은 더 한층 권력의 구심에서 멀어지게 되었다. 그리고 태조 7년의 진도(陣圖) 훈련을 계기로 권력의 마지막 기반인 사병마저 혁파될 단계에 이르자, 마침내 이방원은 정도전에 대한 결사적 반격을 시도하게 되었다.

태조 7년(1398) 8월 26일, 이방원은 정도전 일당이 한씨 소생의 왕자를 제거할 음모를 꾸미고 있다는 명분으로 친히 병사를 일으킨다. 진도 훈련에 불참한 왕자들을 처벌해야 한다는 논의가 정도전의 당여를 중심으로 비등되고 있던 가운데 방원은 이숙번 등의 사병을 동원하여 정도전과 그 당여인 남은, 심효생, 박위(朴葳), 유만수(柳蔓殊), 장지화(張至和), 이근(李懃) 등을 불의에 습격하여 살해하였다. 이를 무인년(戊寅年)에 발생했다 하여 무인난(戊寅難)이라 한다. 이때 정도전의 나이 57세였다.

이들뿐만 아니라 폐세자가 된 방석과 그 동모형(同母兄) 방번 또한 살해되는데, 이것이 제1차 왕자의 난이다. 결국 이방원은 정치적으로 깊은 라이벌 관계에 있는 인물을 대부분 제거한 셈이다.

이방원의 정도전 제거는 목숨을 건 모험이었다. 정도전의 사병 혁파로 마땅히 부릴 병사가 없던 이방원에게는 충복 이숙번과 익안군(태조 3남 방의), 회안군(태조 4남 방간)과 같은 형제와 민무구(閔無咎), 민무질(閔無疾)과 같은 처남 등 일가붙이와 그들을 따르는 종자들뿐이었다. 정도전의 세력 확장을 의심하던 조준은 이때 이방원 편이 됨으로써 무인난 이후 정사공신(定社功臣)에 책봉되었다.

왕권과 신권, 대결의 시작

제1차 왕자의 난을 일으킨 방원은 당장의 혐의를 피하기 위해 여러 신하들의 청을 사양하고 둘째 형인 방과로 하여금 왕위를 계승하게 하였다. 방과(정종)는 야심이 없어서 방원으로서는 장차 권력의 귀추에 자신을 가졌던 것이다. 원래 종법상으로는 맏아들인 방우가 왕위를 계승해야 하지만, 방우는 술을 너무 좋아한 탓에 소주를 마시고 병이 나서 태조 2년(1393) 12월 13일에 세상을 떠난 상황이었다.

그런데 정종 2년(1400) 정월에, 평소 방원에게 시기심을 품고 있던 태조의 4남 방간이, "방원이 방간을 해치려 한다."는 박포(朴苞)의 말을 듣고 군사를 출격하여 방원의 군사와 교전하는 '제2차 왕자의 난'이 발생하였다. 이 싸움에서 방간은 생포되어 토산(兎山)으로 유배되었다가 병사하였고, 박포는 얼마 후에 주살되었다. 이 난이 평정된

후 참찬문하부사 하륜 등의 주청으로 이방원은 곧 조선의 제3대 국왕인 태종으로 등극하였다.

비록 왕자의 난을 통하여 태조의 아들들이 서로를 죽이는 살육전이 전개되었지만, 맨 처음에 이방원이 정도전을 처단하는 데 있어서 그의 형제들이 가담한 일은, 태조의 정도전 후원을 배경으로 점차 막강해지는 신권을 견제하기 위한 왕실 공동의 대응이었다고 할 수 있다. 즉 왕권과 신권과의 경쟁이 이때부터 시작되었던 것이다.

정도전은 성리학 이념을 바탕으로 신권을 중심으로 한 사대부 중심의 국가를 실현해 보려다가 이방원의 견제에 의해 그 꿈을 접어야만 했다. 사대부 정치의 주도권이 다시 꽃피기 위해서는 세종이라는 성군의 출현을 기다려야만 했다. 이후 세조대는 왕권이 강했던 시기였고, 성종대는 비교적 왕권과 신권이 조화를 이룬 시기였다. 이렇듯 조선의 정치는 왕권과 신권의 견제와 조화라는 아슬아슬한 줄타기 위에서 전개되었다.

정도전이 죽자 그가 적서의 분수를 어지럽혀 이씨 종친들을 제거하려고 도모한 반역자라는 인식이 널리 확산되었다. 《태조실록》 정도전졸기에는 "남은 등과 더불어 어린 세자의 세력을 믿고 자기의 뜻을 마음대로 행하고자 하여 종친을 해치려고 모의하다가 자신과 세 아들이 모두 죽음에 이르렀다."고 기록되어 있다.

《태종실록》에서도 정도전은 남은, 장지화, 심효생, 이근, 신극례 등과 함께 임금을 배신한 반역자로 기록되어 있다. 태조 7년(1398) 8월 26일 태종 이방원의 군사에게 무참히 살해당한 정도전의 죄명은 "마음대로 나라 권세를 잡고 임금의 총명을 가려서 적서(嫡庶)의 분수를 어지럽혔다."는 것이었다.

적서의 문제는 정도전에게나 태조의 아들들에게나 매우 민감한 문제였다. 정도전에게는 자신이 서얼이라는 점이 혁명파에 가담한 한 이유가 되었다. 그는 태조 이성계의 서자인 방석을 도와 자신의 꿈을 실현시키고자 하였다. 한편 아버지를 도와 조선 개창에 공이 컸던 이방원은 그 공이 서자인 방석에게 넘어가는 것에 대해서 불만을 갖지 않을 수 없었고, 그 배후에 정도전이 있다는 사실에 분개할 수밖에 없었다. 그러한 일면은 태종의 다음과 같은 회고에서도 드러난다.

무인년(1398) 가을 8월에 태상왕이 편치 않을 때 정도전이 국권을 농단하려고 여러 적자(嫡子)를 없애고 장차 어린 얼자(孽子)를 세우려고 음모하여 여러 붕당을 만들어서 화란의 발생이 눈앞에 다가왔다.

적서 차별의 명분론은 정도전을 해친 태종으로서는 자신의 행동을 합리화하여 둘러대기에 꽤 그럴싸한 핑곗거리였을 것이다.

이방원의 견제로 인해 왕권에 대한 신권의 우위를 추구했던 정도전의 실험은 실패했지만, 역설적으로 그의 지향은 사림파들에게 계승되었다. 그들의 공통점은 왕도 정치를 심학과 연결시켰다는 데 있었다. 그 단초는 조선 초기의 천인합일설(天人合一說)에서 발원한다.

7장_천인합일설

총재론

정도전의 총재론(冢宰論)에 의하면, 군주는 재주의 혼명강약(昏明強弱)이 같지 않기 때문에 항상 빈잉(嬪媵)에서부터 여마(輿馬)와 의복, 음식에 이르기까지 총재의 지도를 받아야만 하는 존재로 규정된다. 정도전의 해석에 의하면, '재상(宰相)'이라는 단어도 결국 총재가 어리석은 군주를 보상(輔相)하고[相], 백관과 만민을 다스려 그들의 마땅한 바를 잃지 않게 하는 것[宰]에서 파생한 것이다.

이러한 논의는 군주의 정심(正心)이 곧 치국(治國)의 요체라고 하는 천인합일설(天人合一說)의 뒷받침이 있었기에 가능했다. "백성의 마음을 얻기 위해서는 인정(仁政)을 행해야 하고, 그것은 임금의 마음을 바르게 할 때 인(仁)으로서 체현이 된다.(《조선경국전(朝鮮經國典)》, 정보위(正寶位))"고 하는 정도전의 언명은 천인합일설의 요점을 잘 보여준다. 이것은 "사람은 천지의 마음이요 백성은 방국(邦國)의 근본으로서 민심이 편안하지 않으면 천지의 기가 불화해지고 나라의 근본이 또한 따라서 위태로워진다.(《눌재집(訥齋集)》권 1, 청파행성겸비남방(請罷行城兼備南方)]"고 본 양성지(梁誠之)의 견해와 일맥상통한다.

이와 같이 천명(天命)과 인심(人心)을 하나로 본 천인합일설은 역성 혁명의 정당성을 뒷받침해 주었을 뿐만 아니라, 조선의 정치사상사를 규정하는 핵심어가 되었다.

고래로부터 전해 내려오던 하늘에 대한 관념을 새롭게 정리하고 천인합일설의 논리적 기반을 제공한 사람은 전한(前漢) 시대의 동중서(董仲舒, B.C. 179~104)였다. 그는 아무리 천자일지라도 독자적으로 정치를 행할 수 없고 하늘의 의지인 천명에 의해서 정사를 베풀어야 한다고 주장했다. 천자의 정사에 따라 하늘이 응분의 감응을 한다고 보았는데, 이것을 천인감응설이라고 한다. 즉 자연 재해가 발생했다면 그것은 필시 천자의 잘못된 정사와 상관관계가 있다는 식이다.

하늘은 자신의 대행자로 정한 천자의 정치가 천도(天道)와 부합하면 그 왕조를 지속시키고, 천도와 어긋나 실정(失政)을 계속하면 몇 차례 경고한 후 그래도 고치지 않으면 그 왕조가 더 이상 지속되지 못하게 벌을 내린다. 이것을 동중서는 하늘의 꾸짖음, 즉 '견고(譴告)'라고 이름 붙였다.

한편 동중서는 하늘을 최고의 도덕 근거로 규정하였다. 그는 하늘과 공자 사상의 대표 개념인 인(仁)을 결부시킴으로써 하늘을 곧 어짊[仁] 그 자체로 규정하였다. 또한 하늘이 만물의 근본이며 인간은 하늘의 형상을 그대로 닮았고, 인간의 윤리도덕적 근원도 천명에 있다고 주장하였다. 즉 사람은 하늘로부터 명(命)을 받고 태어났으므로 곧 하늘로부터 인(仁)을 취하여 어질게 되려고 노력해야 한다는 것이다.

천명을 받은 나라 조선

동중서가 천인합일설을 정립한 것은 한제국(漢帝國)의 절대적 권위를 천명을 통하여 부여하려 함이었다. 또 동시에 무한히 높은 제왕의 권위를 하늘을 통하여 제한하려고 한 것이었다. 그런데 천인합일설에 내포되어 있는 이 두 가지 특성은 조선의 건국 과정에서도 그대로 적용되었다.

조선의 건국 주체들이 신봉한 신유학은 이제 본격적으로 하늘의 질서를 인간의 도덕 원리로 설명하기 위해서 천명 개념과 천인합일을 중심으로 새롭게 정립된 철학 체계였다. 이로 볼 때 조선의 지식인들이 모든 논의의 근거를 천인합일설에 두었다는 것은 너무도 당연한 일이다.

특히 조선을 건국한 신진 사대부들에게 천인합일설은 조선 건국의 정당성을 뒷받침해 주는 중요한 논거가 되었다. 자신들의 역성 혁명은 고려 왕권에 대한 찬탈과 배반이 아니라 고려 왕조가 하늘의 경고를 무시한 데 따른 응분의 결과이자, 천명 그 자체였다는 것이다.

조선이 천명에 의해서 건국되었다는 당위성과 함께 신유학자들이 무엇보다도 중시한 것은 국왕의 마음 수양에 관한 문제였다. 천인합일설에 의하면, 고려가 망한 것도 결국은 임금의 마음이 바르지 못했기 때문에 하늘의 진노를 산 것으로 해석된다. 천인합일설에서는 "민심이 편안하지 않으면 천지의 기가 불화해지고 나라의 근본이 또한 위태로워진다."는 인식이 하나의 진리로서 받아들여지고 있었다. 그리고 그 민심을 편안케 하는 열쇠는 바로 임금의 바른 마음가짐인 것으로 받아들여졌다.

따라서 나라를 위해서 임금이 바른 마음을 함양해야 한다는 사실은 당시를 살던 사람들 사이에서 너무나도 당연한 절대 명제로 자리잡았다. 그리하여 성리철학의 '경(敬)'이 군주의 덕으로서 강력히 요구되었다. 임금의 바른 마음이 정치의 본질이라는 인식이 상식으로서 팽배해짐에 따라 학자들도 자연히 사람 마음의 본질을 탐구하고 그 수양론에 관해서 공부하는 심학(心學)에 몰두하게 된다.

그러한 경향은 조선 중기 이래 사림파들의 정계 등장으로 더욱 강화되었다. 그리하여 조선은 다른 어떤 주제들보다 앞서서 의리 도덕적 명분론과 예론이 모든 사회적 담론들을 지배하게 되는 것이다.

아무튼 이와 같이 군주의 수신(修身)과 정심(正心)을 국정의 최고 덕목으로 강조하는 조선 중기 이래의 심학의 단서로서 천인합일설은 조선 초기부터 그 위상을 확고히 다지고 있었다.

8장_ 부국강병 시대

임금의 마음 수양

조선의 역사는 크게 볼 때 건국 이후부터 성종대까지를 부국강병기, 그 이후를 사림파 집권기, 순조대 이후를 세도 정치기로 구분하여 볼 수 있다. 태조 이후 성종대까지 약 100년 동안은 건국 이후 새로운 역사 발전 단계에 맞는 국가 체제를 정비하기 위해서 여러 가지 국책 사업들이 활발하게 전개된다.

그러나 학문의 공리성이 중시되던 이 시기에도 정치의 근간으로서 임금의 마음 수양은 여전히 강조되었다. 그것은 조선의 유교적 통치 이념 자체가 재이설(災異說)과 결부된 천인합일설을 바탕으로 하고 있었기 때문이다. 태조 7년 12월 좌정승 조준 등이 《사서절요(四書節要)》를 찬술하여 바치는 전문(箋文)에서 군주의 정치는 심학에 매여 있으므로 이 마음을 잘 함양하고 확충하는 것이 나라를 다스리는 근본이라고 한 것도 당시 강조되던 내용을 보여 주는 대표적인 예이다.

따라서 경연의 교재를 채택함에 있어서도 신료들은 역사적 교훈을

줄 수 있는《사기(史記)》보다는 정심(正心)·수신(修身)에 절실한《중
용》,《대학》 등과 같은 경서를 선호하였다. 문종이 즉위한 후 첫 경연
에서 병서를 강독하고 싶다는 의사를 밝혔으나, "병서는 성경(聖經)
이나 현전(賢傳)이 아니므로 경연에서 진강하기에는 마땅하지 않으
니, 사서오경과《대학연의(大學衍義)》를 돌려가면서 진강하소서."라
는 신료들의 반대에 부딪힌 것 또한 군주의 마음 수양이 중시되고 있
었음을 보여 주는 좋은 예라 할 수 있다.

　호학(好學)의 군주였던 세종도 즉위년부터《대학연의》를 강론하기
시작하였는데, 동지경연 이지강이《대학연의》를 진강하고 나서, "임
금의 학문은 마음을 바르게 하는 것이 근본이 되니, 마음이 바른 후
에야 백관이 바르게 되고, 백관이 바른 연후에야 만민이 바르게 되는
데, 마음을 바르게 하는 요지는 오로지 이 책에 있습니다."라고 주장
하였다. 세종은 이에, "경서를 글귀로만 풀이하는 것은 학문에 도움
이 없으니 반드시 마음의 공부가 있어야만 이에 유익할 것이다."라고
적극 호응하는 모습을 보였다. 이러한 사실은 개국 직후부터 군신 간
에 이미 천인합일설에 대한 이해가 공유되고 있었음을 보여 준다.

《주례》의 세계관

　그렇지만, 조선 전기에는 민생을 등진 채 고원한 심학적 논쟁에만
빠져들지는 않았다. 여기에는 몇 가지 이유가 있었다.
　첫째, 나라를 건국한 직후였기 때문에 심오한 철학적 담론보다는
문물 제도를 정비하는 것이 우선 시급한 과제로 대두하였다.

둘째, 정도전을 비롯하여 조영규(趙英珪), 하륜, 함부림, 황희(黃喜), 유자광(柳子光) 등 조선 왕조 개창에 주동적으로 참여한 저명한 관료들이 모두 서얼 출신들이었다는 점이다. 그런 까닭에 이들은 의리 명분적인 측면을 중시하기보다는 현실적인 면을 우선시하였다.

셋째, 정도전, 권근, 변계량(卞季良), 양성지 등 현실을 중시했던 이른바 관학파(官學派) 성리학자들은 조선 건국 반대파들이 성리학 본연의 왕도정치를 강조하는《춘추(春秋)》를 중시했던 것과는 달리, 왕도와 패도의 조화를 추구하는《주례(周禮)》를 치국의 지침서로 이용하였다.

《주례》는 덕치주의의 기초 위에서 유교의 집권주의적 국가사회주의를 정치적 이상으로 그리고 있다. 관학파 성리학자들은 국가사회주의 이념에 의거하여 사회 계층 간의 차별을 최소화하고 공공적 의무에 대한 대등한 분담을 계획하였다. 토지 공개념에 의거한 과전법의 시행과 양인의 확대, 그리고 양반까지도 아우르는 양인 개병제의 원칙 등이 대표적인 경우라 할 수 있다.

고려 시대가 크게 보아 부곡민의 해방 시대라면, 조선 시대는《주

《춘추》 공자의 의리사상을 대표하는 역사서.

례》의 만민평등사상을 받아들여 천인들을 해방시킨 노비의 해방 시대로 특징지을 수 있다. 천인들을 해방시켜 공민권을 가진 양인을 확대시킨 것은, 중세적 신분 질서의 법적 해체를 의미할 뿐만 아니라 고려 말에 심각한 사회 문제로 대두되었던 수세원(收稅源)의 확보책으로도 유용한 것이었다.

《주례》는 제작자나 제작 연대가 불분명하지만, 현실 개혁에 응용된 것은 전한을 멸망시키고 신(新)을 건국한 왕망(王莽)에 의해서였다. 그는 토지의 겸병과 노예 사유의 제한, 산업의 국가 관리 등 국가 사회주의적인 개혁을 시도하였다. 비록 왕망의 개혁은 오래가지 못하고 실패하였지만 이때의 개혁에 사상적 근거를 제공한 《주례》는 후대에 조선 건국의 정치 철학과 국가 조직 형성에 커다란 영향을 준 것이다.

그 대표적인 예로서 《경국대전(經國大典)》의 모체가 된 《조선경국전》의 편찬을 들 수 있다. 왕조 개창의 주역인 정도전이 국정의 대강을 잡아 태조에게 올린 《조선경국전》은 바로 《주례》의 육전(六典) 체계를 모방한 것이다. 그리고 정도전이 그의 정치적 이상을 담아 쓴 '총재론'은 이 육전 체제에 바탕하여 서술되었다.

'총재론'은 《조선경국전》〈치전(治典)〉의 총서(摠序)로서 재상의 직분과 그 비중을 논한 것이다. 그 이론적 근거는 천관(天官)을 천(天)·지(地)·춘(春)·하(夏)·추(秋)·동(冬) 6관(官)의 머리로 하여 천관의 관장자인 대총재(大冢宰)가 천관 하나만이 아니라 나머지 지관(地官) 이하 5관의 궁극적인 통어자가 되도록 한 《주례》의 세계였다.

《**경국대전**》《주례》의 세계관을 반영한 조선의 대표적 법전.

경연의 폐지

조선 전기 사회가 부강한 국세를 유지할 수 있었던 이유는 앞에서 열거한 이유들 이외에도 태종, 세조 같은 강력한 군주가 등장하였기 때문이다. 이들의 등장으로 말미암아 조선은 중앙 집권화를 완성하여 부국강병을 추구할 수 있는 기반을 조성할 수 있었다. 이들은 자칫 야기될 수 있는 신권의 발호를 억제하는 데 주력하였는데, 세조는 경연까지 폐지하면서 왕권의 강화에 힘을 쏟았다.

세조의 경연 폐지는 조선의 역사에서 특별한 의미를 함축하고 있다. 조선 개창 이후 정치 체제의 특징이라고 할 수 있는 경연의 제도화와 언관 제도의 강화는 한·당의 유학에서뿐만 아니라 송·명대의 제도에서도 찾기 어려운 것이었다. 그래서 조선 왕조의 정치는 흔히 명분상으로는 왕정이라고 일컬어지나 실질적으로는 그 지배 신분층인 양반에 의한 관료 정치 체제로 규정된다. 이러한 환경 속에서도 세조가 경연을 폐지한 사실은 세조가 행사한 전제 왕권의 크기를 말해 주는 동시에 경연을 폐지할 수밖에 없었던 그의 절박한 입장을 대변해 준다.

그러나 태종과 세조가 비록 전제 왕권을 행사하기는 하였지만, 통치 기간 동안 정치 · 경제 · 군사 등 여러 방면에 걸쳐 안정적 기조를 유지함으로써 세종과 성종대에 문화적 융성기를 맞이할 수 있는 토대를 마련하였다. 세종 때에는 국민 상하에 도덕적 기강이 바로 잡혀 청렴한 재상이 많이 나왔는데, 황희, 유관(柳觀), 맹사성(孟思誠), 허조(許稠) 같은 이가 남긴 일화는 세상 사람들의 칭송을 받았다.

일례로 맹사성의 경우를 살펴보면,

사성의 사람됨이 종용하고 간편하며, 선비를 예절로 대우하는 것은 천성에서 우러나왔다. 벼슬하는 선비로서 비록 계제가 얕은 자라도 만나기를 청하면, 반드시 관대(冠帶)를 갖추고 대문 밖에 나와 맞아들여 상좌에 앉히고, 물러갈 때에도 역시 몸을 구부리고 손을 모으고서 가는 것을 보되, 손님이 말에 올라앉은 후에라야 돌아서 문으로 들어갔다. 창녕부원군 성석린(成石璘)이 사성에게 선배가 되는데, 그 집이 사성의 집 아래에 있으므로 매양 가고 올 때마다 반드시 말에서 내려 지나가기를 석린이 세상을 마칠 때까지 하였다.

– 《세종실록》, 세종 20년 10월 4일

라고 기록되어 있다. 아무나 흉내내기 어려운 겸손을 죽을 때까지 몸

《동문선》 신라에서 조선 숙종 때까지의 시문(詩文)을 모은 책. 목록 3권, 정편(正編) 130권, 속편(續編) 21권으로 총 154권 45책이다. 정편은 성종 9년(1478) 서거정(徐居正) 등이 왕명을 받아 편찬하였고, 속편은 중종 때 신용개(申用漑) 등이 편찬, 숙종 때 대제학 송상기(宋相琦) 등이 개편하였다. 우리나라 한문학의 총결산이라 할 만하다.

《동국여지승람》 성종 17년(1486)에 35권 간행. 이후 연산군 5년(1499)에 개수, 중종 25년(1530)에 증보하여 《신증동국여지승람》으로 간행하였다. 경기 이하 각 도의 연혁 · 풍속 · 묘사(廟祠) · 능침(陵寢) · 궁궐 · 관부(官府) · 학교 · 토산 · 효자 열녀 행장 ·성곽 · 산천 · 누정(樓亭) · 사사(寺社) · 역원(驛院) · 교량 · 명현(名賢) 사적 · 시인 제영(題詠) 등을 담은 인문지리서이다.

에 지니고 살았던 지도자였음을 알 수 있다.

세종대에는 과전법 성립 당시 60~80만 결에 지나지 않던 전국의 토지가 계속적인 양전(量田) 사업과 개척 등을 통해서 172만 결로 늘어났다. 이 중 90% 정도가 국가에서 수세하는 공전(公田)이었으므로 15세기의 국방력 강화와 문화의 융성을 재정적으로 충분히 뒷받침할 수 있었다. 이를 바탕으로 조선 전기의 사회는 국가 수입이 증대되고, 민생의 향상이 이루어졌다.

조선 전기 역대 국왕들의 치적을 살펴보면 대략 다음과 같다. 태종 대에는 불법으로 부를 축적한 세력가의 기득권을 박탈하고, 백성의 생업을 고르게 하며, 국가 수입을 늘리기 위해 노력하였다. 이를 위해서 한량관(閑良官)의 숙위제(宿衛制) 강화, 유향소(留鄕所) 폐지, 사원전(寺院田) 혁파, 노비 변정(奴婢辨整) 사업, 호패법 실시, 사병 (私兵) 혁파 등을 단행하였다.

세종대에는 태종대에 기틀을 마련한 안정된 왕권 위에서 빈민 구 제, 노비의 지위와 형벌 제도의 개선, 공법(貢法)의 시행과 같은 사회 복지 정책에 힘을 기울였다. 그리고 우리 민족의 국문자인 한글까지 제작하는 높은 문화 수준을 보여 주었다.

세조대에는 국방력 강화가 특히 주목된다. 진관 체제(鎭管體制)를 실시해 종전의 변방 중심 방어 체제를 전국적인 지역 중심 방어 체제 로 바꾸었다. 또 호적 사업을 강화하고 보법(保法)을 실시해 군정수 (軍丁數)를 100만으로 늘렸다.

성종대에는 《경국대전》, 《동문선(東文選)》, 《동국통감(東國通鑑)》, 《동국여지승람(東國與地勝覽)》 등을 완성함으로써 법전·문학·역 사·지리에 대한 문화 정비 사업을 일단락지었다.

조선영토 대마도

조선 전기에 시행된 부국강병책의 성과 중 특히 눈길을 끄는 것은 조 선이 강력한 군사력을 보유하게 되었다는 점이다. 세종 때에는 여진족이 두만강과 압록강 연안에서 소란을 일으키자 김종서로 하여금 이들을 토벌케 하여 평안도 북부와 함경도 북부에 4군(郡)과 6진(鎭)을 설치하였다. 조선 정부는 여진족을 힘으로 응징하는 한편 여진 추장의 조공(朝貢)과 귀화를 장려하여 많은 여진인이 조선의 신민으로 포섭·동화되었다.

세종 원년(1419)에는 해안을 어지럽히던 일본 해적들의 버릇을 고치기 위하여 이종무(李從茂)로 하여금 227척의 함대와 1만 7천여 명의 수군을 이끌고 대마도를 정벌케 하였다. 약 보름에 걸친 작전 끝에 조선은 마침내 대마도 영주의 항복을 받아 냈다.

이때 주목되는 점은 조선 정부가 대마도를 본시 조선의 영토로서 인식하고 있었다는 점이다. 세종은 정벌군을 보내기 앞서 병조를 통해 대마도에 상왕(태종)의 유서(諭書)를 발부했는데, 여기에는 다음과 같이 기록되어 있다.

대마도는 경상도의 계림(鷄林 : 경주)에 예속되어, 본래 우리나라의 국경으로 문적에 실려 있어 분명히 상고할 수 있다. 그러나 땅이 매우 작고 또 바닷속에 있어서, 왕래하기가 곤란하기 때문에 백성들이 거처하지 않았다. 이에 왜놈 중에 제 나라에서 쫓겨나 돌아갈 곳이 없는 자들이 여기에 모여들어 소굴을 만들었다. (그런데 이 자들이) 때로는 틈을 타서 몰래 (조선에) 들어와 평민들을 위협하고 재물과 곡식을 빼앗아 가며, 마음대로 학살하여 처자를 고아와 과부로 만들고, 남의 가옥을 불태워 없애는 등 극도로 흉악한 짓을 한 지가 벌써 몇 년이 되었다. … 병조는 대마도에 문서를 보내어 나의 지극한 마음을 유시하여 자신(自新)하는 길을 열어 주고 멸망의 화를 면하게 하여 내가 백성을 아끼는 뜻에 부응하게 하라.

— 《동문선》 권 24, 〈정대마도교서(征對馬島敎書)〉

요약하면, 조선은 대마도가 조선의 영토임에도 불구하고 땅이 협소하고 왕래가 불편하므로 오갈 데 없는 왜인들이 들어가 거처하는 것을 묵인하여 왔는데 이 대마도 거주 왜인들이 조선 본토에 자주 출몰하여 노략질을 일삼자 태종 때에 일차 경고하였으나 전혀 개선될 기미가 없으므로 세종이 부득이 정벌할 수밖에 없게 되었음을 최후 통첩한 것이다.

여진족의 구축과 대마도 정벌을 통해서 우리는 조선이 처음부터 문약함을 태생적 한계로 지니고 있던 나라가 결코 아니었다는 점을 알 수 있다. 한 나라의 부강함은 결국 정치 지도자들이 어떻게 정국을 이끌어 나가느냐의 문제라는 점을 여기서 확인하게 된다.

독도와 고구려

국토 영유권 분쟁은 비단 조선 전기의 문제만이 아니다. 현재에도 일본이 독도와 동해의 영유권을 주장하고 있고, 중국은 만주를 호령했던 고구려의 역사를 아예 통째로 중국사의 일부였다고 주장하고 있다.

이에 대해서 한국 정부는 소극적 자세로 일관하고 있다. 이렇게 한국 정부가 소극적인 입장에서 벗어나지 못하는 동안 '동해'는 이미 세계 지도상에서 '일본해'로 바뀌어 표기되고 있고 일부 세계 지도에서는 독도뿐 아니라 울릉도까지도 일본 영토로 표기되고 있다. 그리고 고구려 역사와 관련해서는 중국과 북한에 남아 있는 고구려 유적이 동시에 유네스코의 세계 문화 유산에 등재됨으로써 고구려사의 반쪽을 잃어버렸다.

이런 일을 겪으면서 조선 전기 같았으면 어땠을까 생각해 본다. 물론 외교적인 문제를 무조건 무력으로 해결하자는 말이 아니다. 다만 다른 나라가 자국의 영토를 넘보거나 역사를 왜곡할 때에는 그에 대한 응분의 조치를 취하는 것이 최소한의 상식이라는 점을 말하고 싶을 뿐이다. 그렇게 상식적인 대응을 하지 못하고 구차한 변명을 앞세워 비상식적인 태도로써 일관하고 있는 현실이 안타까울 따름이다.

독도 문제에 대해서는 이미 1978년 4월에 한국사학회 소속의 중진 학자들이 연구협의회를 구성하고 독도에 대한 역사적 연구를 진행시킨 바 있다. 그 결과물로 1985년에 간행된 《독도연구》는 독도가 역사적으로 엄연히 한국의 영토임을 밝히고 있다. 그렇지만 일본과의 외교적 마찰을 우려한 전두환 정권은 이 책이 나오자마자 공개를 금지시켰다. 이때 연구를 주도한 핵심 인사들은 이제 고희를 훌쩍 넘겨 모두 현역에서 은퇴한 상태이니 그나마 독도 연구의 명맥이 끊길 날도 얼마 남지 않은 듯하다.

고구려를 자국의 역사라고 우기는 중국의 '동북공정'에 대한 우리 정부의 입장도 소극적이기는 마찬가지이다. 생각해 보자. 고구려사가 한국 민족의 연원이었다는 점은 중국의 역사서나 한국의 역사서에 공통적으로 기록되어 있는 엄연한 역사적 사실이다. 이런 점을 유독 오늘날의 중국인들만 모른다고 할 수 있겠는가?

현재의 중국 정부가 '동북공정'을 진행하는 것은 철저히 현재의 정치적 관점에서 비롯된 것이다. 향후 남북한이 통일될 경우 자연스럽게 북한 이북 지역에 거주하는 연변 조선족의 역사적 연원 문제가 거론될 것이고, 그렇게 되면 조선족 문제가 동북면의 심각한 민족 갈등 양상으로 확대될 염려가 있기 때문이다.

티베트·신장과 같은 중국 서부 지역 소수민족들의 자치와 독립 문제로 골머리를 앓고 있는 중국 정부로서는 만약 동북 지역에서마저 민족 갈등이 발생한다면 그야말로 보통 문제가 아닐 수 없다. 따라서 중국 정부는 현재 연변 조선족들을 무마하기 위하여 막대한 예산을 투입, 연변 개발 사업을 진행시키고 있다. 미래를 대비하는 중국 정부의 적극적인 정치 행동과는 달리 우리 정부는 소극적인 자세를 견지하여 고구려 문제는 전적으로 학술적인 문제이기 때문에 절대로 정치적인 측면에서 접근해서는 안 된다는 입장을 고수하고 있다.

어떤 미사여구로 변명을 해도 국제 정세는 냉혹한 힘의 논리에 의해서 움직여 나간다. 세계 열강들이 조선을 집어삼키기 위해 대결과 담합을 서슴지 않고 있었음에도 친청파·친일파·친러파로 갈려 정쟁만 일삼던 110년 전 청일전쟁 무렵의 상황이 재현되는 것 같아 그저 안타까울 따름이다. 긴 역사적 안목으로 볼 때 지금이 매우 위험하고도 중요한 순간이라는 점을 강조하고 싶다.

대외 정책에 있어서 최소한 상식적인 조치조차 취할 수 없을 정도로 나약한 우리 정부를 곤란에 빠뜨리기 위해서 이런 문제들을 거론하는 것이 아니다. 다만 우리의 국세가 왜 이렇게까지 전락하였는지 그에 대한 문제 의식을 환기시키고자 하는 마음이 간절할 뿐이다.

조선 전기의 강력했던 그 군사력은 어디로 갔는가? 이른바 중국 성리학을 조선 성리학으로 완전히 흡수·소화하고 그러한 저력을 바탕으로 진경 시대(眞景時代)라는 난숙한 문화적 경지를 이루어 냈다고 오늘날 긍정적으로 평가받고 있는 사림파들의 집권 이후부터 조선은 왜 그토록 문약해지고 처참하게 되었는가? 그 역사적 진실을 지금부터 추적해 보자.

제3부

공리공담의 유행

9장_《심경》의 유입

군주 성학의 심학화

맹자께서 말씀하시기를, 인(仁)은 사람의 마음이고, 의(義)는 사람의 길이다. 그 길을 버리고 따르지 않음은 그 마음을 잃어버리고도 구할 생각을 못하는 것과 같으니 슬프다. 사람이 닭이나 개를 잃어버리면 그것을 찾을 생각은 해도, 마음을 잃어버리면 그것을 찾을 생각조차 못하니, 학문의 도는 다른 것이 아니다. 그 잃어버린 마음을 찾는 것일 뿐이다.

－《심경(心經)》 권 3

조선은 신유학, 그 중에서도 성리학을 지배 이데올로기로 삼은 나라였다. 한·당 이래의 재이설(災異說)과 결합된 신유학의 '천인합일설'은 태평성세의 근본 요소를 군주의 정심(正心)에 둠으로써 성리철학에서의 심성론에 대한 이해의 심화를 가져왔다. 이에 따라 조선의 지배 이데올로기인 성리학을 독점한 사림파 성리학자들은 군주 성학

(聖學)의 심학화(心學化)를 추구하였는데, 이를 위해 강조한 책이《심경(心經)》이다.

사림파 성리학자들은《심경》을 경연 과목으로 지정함으로써 겉으로는 군주의 성학을 돕겠다고 표방하였다. 이를 통해서 인간의 심성을 최고의 덕목으로 하는 도학적 이상 정치를 실현하자고 하였다. 그렇지만 이들이 실제 노리고 있던 성리학적 이상 사회란 정치적으로는 재상 중심 체제였고, 사회적으로는 사족의 향촌 지배가 우월하게 관통됨으로써 사대부 계층이 사회의 모든 기득권을 독점하는 반민중적인 사회 체제였다. 이를 위해서 사림파는 자신들보다 우월한 위치에 있는 왕권을 견제하기 위한 수단으로《심경》을 이용했다.

《심경》은 남송대 주자학자인 진덕수(眞德秀, 1178~1235)가 마음의 수양을 목적으로 성현들의 마음에 대한 논설들을 모으고 여러 학자들의 의론으로써 주를 붙인 책이다.《서경(書經)》1조,《시경(詩經)》2조,《역경(易經)》5조,《논어(論語)》3조,《중용(中庸)》2조,《대학(大學)》2조,《악기(樂記)》3조,《맹자(孟子)》12조의 내용으로 구성되어 있었다. 여기에 명대의 학자인 정민정(程敏政, ?~1499)이 주돈이, 정이, 범준, 주희의 글에서 양심(養心)과 관련된 글을 발췌하여 〈주자(周子)〉2조, 〈정자(程子)〉1조, 〈범씨(范氏)〉1조, 〈주자(朱子)〉3조를 증보하여 총 37장으로 편찬하고, 이것을《심경부주(心經附註)》라고 이름 붙였다.

조선에서는 고활자본인 갑인자(甲寅字: 1434, 세종 16)를 가지고 1573년(선조 6)에 이황의 〈심경후론(心經後論)〉을 말미에 붙여 처음으로《심경부주》를 간행하였다. 이후《심경》이라고 하면 특별한 구분을 하지 않는 한, 이《심경부주》를 가리키는 것으로 통용되고 있다.

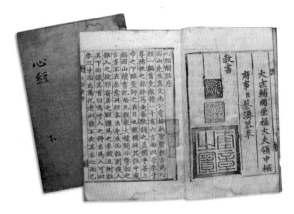

《심경》 도덕과 정치는 근원적으로 병존할 수 있는 것인가? 조선 시대 선비들은 그 병존의 근거를 《심경》에서 구하였다.

《심경》의 핵심 내용은 '경(敬)'인데, 굳이 그 내용을 설명하면, 욕심을 없애고 잃어버린 본성을 되찾아 군자가 되어야 할 것이라는 경계의 문구들이 담겨져 있다. 따라서 《심경》은 처음부터 경연에서 임금을 훈도하기 위해서 편찬된 책이었다기보다는 군자유(君子儒)를 희망하는 사대부 누구에게나 지침이 될 만한 성리학적 지향을 담은 책이라고 할 수 있다.

그런데 바로 이러한 점이 역설적으로, 성리학이라는 보편적 이념 아래에서는 왕도 사대부와 별반 다를 게 없다고 주장하는 서인 세력들의 왕사부일체(王士夫一體)의 논리에 이용된 측면이 있다. 조선 중기 이후 기호산림 세력이 갈수록 극성하던 때와 발맞추어 《심경》이 동시에 경연에서 정식 과목으로 채택된 이유가 여기에 있었다.

이황의 권위

《심경》이라는 서책의 이름은 조선의 역사에서 이미 세조 때부터 확인이 된다. 그렇지만, 이때의 《심경》은 불경 중의 한 가지였던 것으로 짐작된다. 따라서 정민정이 편찬한 《심경부주》가 정확히 언제 조선에 전래되었는지는 아직까지 밝혀지지 않았다.

《심경》의 유입과 관련해서는 1540년(중종 35) 전후로 보는 윤남한(尹南漢)의 설과 1523년(중종 18) 이전설을 주장하는 윤병태(尹炳泰)의 설이 대표적이다. 이에 덧붙여, 윤병태의 1523년 이전설에 무게를 두어 《심경》의 유입 시기는 기묘사화(己卯士禍: 1519) 이전일 것으로 추정한 김윤제(金允濟)의 설이 유입 시기와 관련된 비교적 유력한 학설이라 할 수 있다.

《근사록》 송나라 유학자인 주희(朱熹)와 여조겸(呂祖謙)이 주돈이(周敦頤)의 〈태극도설(太極圖說)〉과 장재(張載)의 〈서명(西銘)〉·〈정몽(正蒙)〉 등 일상생활에 긴요한 장구만을 골라 편찬한 일종의 성리학 해설서로서, 송학(宋學)에 있어 진덕수의 《심경》과 쌍벽을 이루고 있다.

16세기 전반《심경부주》의 보급 초기 단계에서는 성수침(成守琛)과 조광조(趙光祖)를 망라하는 김굉필의 제자들이 그 보급의 중심이 되었다. 그 가운데 특히 김안국(金安國) 계열의 학자들이《심경부주》의 보급을 주도하였다. 이것을 입문 단계라고 한다면, 16세기 후반 즉 1560년대 이후 이황(李滉)과 그 제자들이 집중적·집단적으로 학습하면서《심경》이해는 전문 단계에 이른다.

《심경》이《사서(四書)》나《근사록》에 버금가는 중요성을 인정받은 것은 이황의 연구와 강의를 통해서였다. 이황은 만년에《심경부주》에 대한 전면적인 재검토를 통해 인심과 인욕에 대한 새로운 견해를 표명하였다. 이황이 애초에 도학에 흥미를 느껴 몰두하기 시작한 것이《심경》의 공력이었고, 그런 까닭에 평생 이 책을 존신하여《사서》와《근사록》의 아래에 두지 않았다는 기록이 이황의 〈심경후론〉에 적혀 있다. 이러한 사실은《심경》의 위상 확보에 이황의 역할이 매우 컸음을 말해 준다.

그런데《심경》이 조선에 유입된 초창기라 할 수 있는 16세기,《심경부주》에 대한 조선 성리학의 대응은 두 가지 양상을 보였다.《심경부주》의 주석들을 보완적으로 수용하는 이황의 관점과,《심경부주》의 주석들을 전면적으로 비판하고《심경》에 독자적 주석을 부가하려는 조목(趙穆), 정구(鄭逑) 등의 관점이 그것이다.

그렇지만 17세기에 이르러 이황의 문인들은 물론 기호학파의 학자들 또한 이황의 관점을 따르게 된다. 그럼으로써《심경》에 대한 이황의 논점은, 학파를 초월하여 조선 성리학이 주희 성리학을 이해하는 기본 관점으로 자리잡았다. 이러한 이황의 권위는 숙종대의 경신환국(庚申換局 : 1680) 전까지 계속 이어졌다.

10장_사림파의 등장과《심경》의 부상

훈구파와 사림파

공전 제도(公田制度)인 과전법을 기반으로 토지의 편중을 완화하고 관료와 농민의 생활을 안정시키려 했던 조선 전기의 정치에 금이 가기 시작한 것은 16세기에 들어서면서부터였다. 그것은 기본적으로 수조권(收租權) 분급지(分給地)의 부족에서 기인하였다. 수조권이란 토지에 대한 조세 징수권을 말하는 것으로, 과전법에서의 과전(科田) 분급은 관료에게 그 토지의 소유권을 지급한 것이 아니라 수조권을 부여한 것이다. 이때 과전주(科田主)는 그 토지의 수조권자로서 전주(田主)가 되고, 그 토지의 실제 경작자인 농민은 전객(佃客)이 된다.

애초에 고려 말 권문세족의 농장을 몰수하여 모든 국역자에게 공전을 분배하고자 했던 과전법은 그 대상 토지를 전 국토가 아닌 경기에 한정함으로써 장차 가까운 미래에 관료들에게 나누어 줄 수조지(收租地)의 부족 현상을 예고하였다. 그러므로 세조 때에는 이를 보완하기 위하여 현직 관료에게만 수조권을 지급하는 직전법(職田法)을 시행하였는데, 한정된 토지에 급속히 증가하는 관료들의 수로 인하여 이도 여의치 않게 되자 성종 때에는 관료들의 수조권을 국가가 대행하여 관료들에게 녹봉을 지급하는 관수관급제(官收官給制)를 시행하였다.

그나마 명종 때에는 직전법마저 폐지되면서 녹봉제 실시 이후 생활 유지에 곤핍을 느끼던 양반 관료층의 토지 소유 욕구가 더욱 증가하였다. 그리하여 16세기 이후에는 과전과 공신전(功臣田), 그리고 별사전(別賜田)의 세습화와 민전에 대한 침탈이 이루어지면서 다시 농장이 발달하기 시작하는데, 이와 같은 토지 겸병에 앞장선 사람들은 대체로 훈구파가 그 대표 세력이었다.

훈구파는 조선 건국을 주도 또는 지지함으로써 공신 가문으로 인정되고 이후 대대로 조선 전기 중앙 정계를 주도했던 정치 세력을 말한다. 이들은 정치적 실권을 장악하고 왕실과 통혼하면서 훈척 세력을 형성하여 권력을 독점하였다. 이들 역시 성리학을 기본으로 한 사대부라는 점에서 사림파와 같으나, 현실의 사회·경제적인 기반이 달랐기 때문에 사림파와 대조적인 입장을 견지하였다. 사림파가 수기(修己)를 위한 경학(經學) 공부를 중시했다면, 훈구파는 과거 시험을 위한 사장학(詞章學)에 몰두함으로써 현실 정치에 밀착하고자 하는 성향이 강했다. 그리고 훈구파는 기호 지방, 특히 경기 지역의 공신전을 중심으로 한 광대한 농장을 소유한 데 비해서 사림파는 지방의 중소지주였는데, 훈구파가 권력을 이용하여 점차 지방으로까지 침탈을 확대해 가자 사림파는 반발하게 된다.

훈구파의 전횡에 염증을 느낀 사림파들은 정치적으로 훈구파에 대한 반격을 모색하였다. 유생들의 후원에 힘입어 관직에 진출한 조광조가 목숨을 걸고, 중종 반정에 공을 세운 정국 공신(靖國功臣) 117명 중 76명의 공신 칭호를 삭제하자고 주장한 것도 횡포가 심해진 공신들의 재원(財源)을 막고 사대부의 기강을 바로잡자는 것이었다.

특히 조광조를 중심으로 중종대에 본격적으로 정계에 진출한 사림파는 위훈삭제(僞勳削除)와 같은 정치적인 공세 이외에 성리학적 이데올로기 확산에 부심하였는데, 그것은 바로 조광조의 지치주의(至治主義)로 상징되는 보다 정의로운 왕도정치(王道政治)의 표방이었다. 성리학은 우주의 근본 원리와 인간의 심성 문제를 이기철학(理氣哲學)으로 해명하려 하였고, 정통과 대의명분을 강조하여 정치·사회적인 윤리 도덕으로서의 의리학(義理學)을 전면에 내세웠을 만큼 인간의 도덕적 가치를 매우 중시하였다.

사림파의 성리학 강조는 훈구파의 집권 시기에 지지를 받고 있던 공리주의를 배격하는 그들의 학문적 지향이었을 뿐만 아니라, 부패한 훈구파를 직접적으로 공격하는 유력한 도덕적 무기로도 이용되었다. 특히 사림파가 중시한 경서(經書)들 중에서도 인간의 심성 수양에 대한 경구를 한데 모아 놓은 것이 《심경》이었는데, 조광조를 비롯한 사림파는 일찍부터 《심경》의 의의에 대해서 주목하고 이를 경연 과목으로 정착시키고자 노력하였다. 《심경》이 사림파의 정계 진출과 맞물려 부각되는 것은 이러한 정치사상사적 맥락 때문이다.

조광조의 지치주의

《심경》이 경연(經筵)에서 최초로 정식 경연 과목 후보로서 거론된
것은 중종대(1541)였다. 중종이 경연에서 부제학 이언적(李彦迪)으로
부터 《심경》 공부를 권유받은 것이다. 그렇지만 중종은 《심경》의 필
독을 권하는 사림파의 요구를 선뜻 받아들이지 않고 《심경》을 경연
이 아닌 서연(書筵) 과목으로 지정할 것인지, 아니면 여가 중에 필독
해야 할 교양 서적으로 보아야 할지를 시강
원(侍講院)에 하문하였다. 그런데 이언적의
요청이 있은 후 《심경》이 서연 과목으로라
도 정식 채택이 된 것 같지는 않다.

그러나 중요한 것은 이 시기에 《심경》이
태조대부터 경연 과목으로 중시되어 온 《대
학연의》에 이어 신료들에 의해서 정식 경연
과목으로 추천이 되었다는 점이다. 중종이
이에 대해서 미흡하지만 긍정적인 검토를
하명한 것은 《심경》의 공식적인 등장이라
는 측면에서 큰 의미가 있다.

《심경》이 중종대에 정식 경연 과목으로
거론된 것은 성종대에 등장한 사림파 세력
과 관련이 깊다. 이들은 주로 선산(善山) 출
신의 유학자 김종직(金宗直)의 문하인들이
었는데, 성종이 국가 건설에 공이 큰 훈신
세력의 발호를 견제하고, 그들과 함께 유교

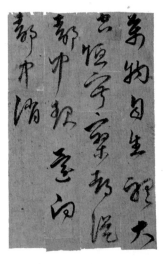

이언적(1491~1553) 글씨 이언적은
조선 전기의 유명한 성리학자 중 한
사람으로서 특히 주리설(主理說)은 이
황의 사상에 큰 영향을 주었으며, 28
세 때 조한보(曹漢輔)와 여러 차례에
걸쳐 논쟁한 무극(無極)·태극(太極)
설은 조선 초유의 대논쟁 중 하나로
손꼽힌다. 후에 이황은 그를 김굉필,
정여창, 조광조와 함께 동방4현(東方
四賢)으로 추모하였다.

《회재집》 이언적의 문집.

정치의 이상을 지닌 사림 세력을 조화시키기 위해서 정계에 끌어들인 것이다. 이를 통해서 세종 때와 유사한 합리적인 정치 풍토를 이룩하였는데, 바로 이 사림 세력이 심학화의 기본 교재로서 중시했던 책이 《심경》이었다.

앞서 살펴본 바와 같이 《심경》은 성수침, 조광조 등 김굉필의 제자들에 의해서 대단한 주목을 받고 있었다. 따라서 역성 혁명의 초창기에 요구된 천명설과 《심경》의 요지인 경(敬)의 융합은 조광조로부터 비롯되는 지치주의(至治主義)의 원형이 된다.

조광조는 처음으로 관직에 발을 내디딘 1515년 알성시(謁聖試) 책문(策文)에서, 좋은 정치를 위해서는 무엇보다도 임금의 마음이 수양되어야 함을 진언하였다. 중종은 이날의 알성시에서 "나를 등용하는 사람이 있다면 1년이면 웬만큼 해 낼 것이고, 3년이면 완전한 성과를 이룰 것이다."라는 공자의 말씀을 인용하여, 옛날과 같이 이상적인 정치를 이루는 데 먼저 해야 할 것이 무엇인지를 물었다. 이에 조광

조광조(1482~1519) 과격한 개혁으로 자신의 도학적 이상론을 현실 정치에서 실현하고자 했던 도학자. 그의 개혁 실패는 '정치란 무엇인가?'라는 본질적인 질문을 우리에게 던져 준다.

조는, 도(道)를 세울 수 있는 마음과 마음의 자세인 성(誠)의 확립을 강조하면서, "나의 마음이 도와 하나가 되면 나의 도에 천하 사람들이 교화되어 훌륭한 정치를 이루어 낼 수 있을 것이다.〔《정암집(靜菴集)》권 2,〈알성시책〉〕."라고 대답하였다. 그리고 1517년 1월 검토관으로서 경연에서 올린 첫 번째 계(啓)에서는, "하늘이 재이(災異)를 내릴 때에는 두 가지 경우가 있다. …이러한 재이가 보일 경우 (국왕은) 경계하고 더욱 힘써야 한다《정암집》권 3,〈검토관시계일(檢討官時啓一)〉〕."고 말하였다.

이와 같이 조광조가 작성한 책문과 계언은 선초부터 강조되어 온 천인합일설을 부연 설명한 것에 다름 아니다. 조광조는 또한 중종의 명으로 경계(警戒)의 글을 지어 바쳤는데, 이 또한 인욕을 억제할 것을 강조하는 《심경》의 내용을 부연 설명한 것으로 볼 수 있다. 그 내용은 다음과 같다.

임금의 일심(一心)은 하늘의 광대함을 체득하고 있어 천지의 기(氣)와 만물의 리(理)가 다 마음의 운용 속에 포함되어 있다. …인욕에 이끌려 미혹에 빠지기 쉬운 본성을 환기시켜 스스로 경계하여 항상 덕을 보존하는 일에 힘써야 한다.

– 《정암집》 권 2, 〈계심잠병서(戒心箴并序)〉

조광조는 마음을 바르게 함양하기 위해서는 외물이나 미신에 미혹됨이 없어야 한다고 주장하였다. 그리고 그러한 논거에 기초하여 소격서(昭格署) 폐지를 주장하여, 허락을 받아 냈다.

소격서는 초제(醮祭)를 주관하는 선초 이래의 관청으로, 특히 강화도 마니산 꼭대기의 참성단에서 지내는 초제가 큰 행사였다. 이것은 단군이 하늘에 제사했다는 전설적 믿음과 도교에서의 제천(祭天) 전통을 합치시킨 것으로서, 도교를 민족 주체의식을 강화하는 한 방법으로 이용한 것이다.

도교에서의 제천 행사는 국가의 권위를 높이고, 도교 경전의 하나인 《진무경(眞武經)》은 상무 정신을 기르며, 단군의 양생술은 의학 발달에 불가결한 요소임이 인정되어 선초부터 도교 신앙은 새로운 모습으로 발전해 갔다. 이러던 것이 도교가 미신일 뿐만 아니라, 제후국으로서 하늘에 직접 제사하는 것이 명분에 맞지 않는다는 조광조의 주장에 의해 소격서가 폐지된 것이다.

조선을 성리학 국가로 재편하려는 조광조의 노력은 기묘사화*(己卯士禍 : 1519)를 당함으로써 일시 좌절되었다. 그에 따라 《심경》을

---

* 1519년(중종 14) 11월에 남곤, 심정, 홍경주 등의 훈구파가 조광조, 김정, 김식 등 젊은 사림파를 몰아내어 죽이거나 귀양 보낸 사건. 성균관 유생 2백여 명의 천거와 이조판서 안당의 추천으로 정계에 진출한 조광조는 맨 처음 중종의 두터운 신임을 얻었으나, 과격하고 무리한 개혁시책의 추진으로 점차 훈구파들의 표적이 되면서 동시에 중종의 신망을

정식 경연 과목으로 확정하려는 사림파의 시도는 물거품이 되었다.

그들만의 나라

조광조를 위시한 사림파는 위훈삭제(僞勳削除) 등을 요구하며 훈구파를 도덕적인 관점에서 비난하였다. 그러나 사회·경제적인 처지에서 보면 훈구파나 사림파는 모두 지주적 입장이었다는 공통점을 가지고 있었다. 다만 사림파는 훈구파에 비해 지방에 근거지를 둔 중소지주층이었다는 점이 차이일 뿐이었다.

사림파가 태생적으로 중앙 집권에 배치되는 향촌자치적인 운영 방안을 적극 주장한 것도 그들의 기득권을 유지하기 위한 사회·경제적인 이유에서였다. 사창제(社倉制), 향사례(鄕射禮), 향음주례(鄕飮酒禮), 향약(鄕約) 등이 대표적인 제도였다.

사창제는 빈민 구제 방법의 하나로, 원곡을 국가가 대여하되 춘궁기에 곡식을 농민에게 대여했다가 가을에 약 30%의 이자를 받아 원곡을 불려나가는 것이다. 그리고 원곡이 충분히 확보되면 국가의 보조 없이 자치적으로 3%의 낮은 이자로 운영하도록 하는 민간 구휼

잃었다. 여기에 중종을 모시던 홍경주의 딸 희빈(熙嬪)이 심정, 남곤 등의 사주를 받아 대궐 안의 나뭇잎에 꿀로 '주초위왕(走肖爲王)' 즉 '조씨(趙氏)가 왕이 된다.' 라는 네 글자를 써서 벌레가 파먹게 하고, 이것을 조광조가 역모를 꾸미는 증거라고 중종에게 보여 줌으로써 큰 충격을 주었다. 이 일을 기화로 조광조는 결국 능주(綾州)로 귀양 갔다가 사약을 받아 죽었고, 김정, 기준, 한충, 김식 등도 귀양 갔다가 사형당하거나 자살을 택했다. 이때 죽은 사람들을 후일에 기묘명현(己卯名賢)이라 칭하였다.

제도였다. 그렇지만 본래는 중앙 정부의 간섭 없이 향촌 사회를 운영해 갈 수 있는 향촌 자체적인 예산 확보가 주된 목표였다.

향사례와 향음주례는 지방 군현에서 춘추로 향민들이 모여 활쏘기를 하거나, 일정한 규범 속에서 술을 마시면서 예법을 함양한다는 취지였다. 그러나 실제로는 이러한 단체 행동을 통해 향촌 사회에서 신분계층 간에 엄격한 위계 질서를 확립하는 것이 주목적이었다. 그리고 중앙 정부의 민에 대한 직접 통치를 차단하면서 향촌에서 사대부 계층의 대민 지배력을 강화하려는 것이었다.

향약 또한 사대부가 곧 지주인 향촌에서 사대부의 지배권을 확립하기 위한 향촌 자치 규약이었다. 향약은 《소학》과 《성리대전》에 실려서 이미 여말·선초에 주자학의 전래와 동시에 소개되었다. 그러나 향촌 자치제를 반대하는 관학파 성리학이 우세했던 15세기에는

〈정암집〉 조광조의 문집.

유향소 설치가 억제되었던 것과 마찬가지로, 향약도 거의 실시되지 않았다. 그리고 사림파 성리학자들도 감히 향약에 대하여 발언하는 이가 없었다.

향약은 형식적으로 보기에는 덕업상권(德業相勸)·과실상규(過失相規)·예속상교(禮俗相交)·환난상휼(患難相恤) 등 향약 성원들 상호간에 도덕 규범을 지키고 서로의 허물을 고쳐 주며 재난을 구제한다는 좋은 의미를 담고 있다. 그렇지만 향약은 본질적으로 사대부가 피지배 계급을 엄격한 봉건적 질서와 신분 질서에 얽매고 억압하는 조직 규약이었으며, 경제적으로 착취를 보장하는 수단이었다.

중종대 이후 향약을 현실에 맞는 새로운 모습으로 변용·정착시킨 이황, 이이(李珥), 유성룡(柳成龍) 등의 향약도 근본적으로 이러한 한계를 넘지 못하였다. 특히 이황이 만든 〈예안향약(禮安鄉約)〉은 강상(綱常)의 윤리를 향민에게 가르치는 데 주안점을 두어 신분 차별에 의한 민중의 고통을 당연한 것으로 교화하였다. 그리고 또한 향민 중에서도 공사 천인을 향약 참여에서 제외시키고, 사대부의 기풍을 진작시키는 데 주안점을 둠으로써 철저히 사대부 중심의 사회를 유지하고자 했다.

그러므로 경세가였던 이이는 누구보다도 많은 향약을 입정했음에도 불구하고 향약의 위험성을 인식하고 있었다. 그리고 그 조급한 실시를 반대하였다. 그 이유는 첫째, 민생이 극도로 곤궁함에도 불구하고 향약만 실시하면 화민성속(化民成俗)이 이루어질 수 있을 것이라는 생각은 잘못이라는 점, 둘째, 향약이 호강자(豪强者), 곧 지방 세력가에게 이용되어 곤궁한 민중에게 해독을 끼치는 도구가 될 것이라는 점이었다.

즉 향약은 실제 민중들이 얼마나 어려운 생활을 하고 있는지를 살 피기보다는 이상적인 이론만을 중시하는 사림파의 자기중심적인 가 치가 강하게 반영된 것이었다. 그리고 향약을 주관하게 될 향촌의 사 대부 모두가 그 인격을 의심할 필요가 없는 현자인 것처럼 기정사실 화하여 논리를 펴는 오만함을 내포하고 있었다.

그렇지만 조광조는 정계에 입문한 후에 향촌 자치와 향약의 보급 을 적극적으로 주장하며 전국적인 향약 보급 운동을 주도하였다. 그 결과 많은 사람들이 염려했던 것처럼 향약은 향촌의 호강자들에 역 이용당하곤 했으며, 수령의 권위가 실추되는 등 갖가지 폐단이 생겨 났다.

한편 사림파는 향촌에서의 기득권 유지와 함께 훈구파 세력을 제 거하기 위하여 위훈삭제 등을 주장함으로써 중앙 정계의 지각 변동 을 유도하였다. 그와 동시에 과거를 통하지 않고도 사림파 세력을 조 정 내에 부식시킬 수 있는 현량과(賢良科)의 실시를 주장하였다. 그 결과 김식(金湜) 등 28명이 발탁·등용되었다.

이와 같이 사림파는 훈구파의 도덕성을 비판하면서 상대적으로 자 신들의 청신성(淸新性)을 강조하였다. 그러나 그들 행위의 본질은 향 촌에서 자신들의 기득권을 유지하고, 아울러 중앙 정계에 자파 세력 을 진출시키려는 정치적 계산에 불과한 것으로 판명되었다. 1519년 (중종 14)에 발생한 기묘사화는 그들을 그렇게 평가한 것이다.

《심경》의 권위

기묘사화의 충격으로 중앙 진출을 단념하고 있던 사림파는 그러나 중종 말년에 재기하기 시작한다. 그것은 훈구 대신들을 견제하기 위한 중종의 의도에 힘입은 바 컸다. 중종은 훈구파가 도모한 반정을 통해서 국왕의 자리에 오를 수 있었기 때문에 아무런 공도 실권도 없었다. 그래서 반정 직후 부인 신씨가 연산군 때의 권신 신수근(愼守勤)의 딸이라는 이유로 왕비로 추대되지 못하고 폐출되는 것도 막지 못했다. 그러므로 중종은 자신을 왕위에 올려놓은 훈신들의 전횡을 일정하게 제어할 세력이 필요했다.

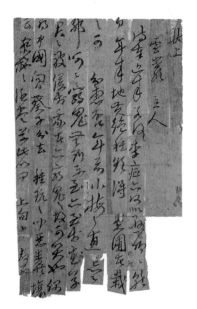

조광조 친필 편지

중종은 조광조 등의 관직을 회복시켜 주고 현량과를 다시 설치하는 등의 조치를 단행하였다. 이로써 기묘사화 때 화를 입은 사림 세력들은 이른바 기묘명현(己卯名賢)으로 추앙받게 된다.

이와 때를 맞추어 사림파는 기다렸다는 듯이 경연에서의 《심경》 강독을 정식으로 제안한다. 그들의 입장에서 중종의 사림파 복권은 그들의 정치 이상을 구현할 수 있는 좋은 기회였다.

선진유학(先秦儒學)에서는 왕권의 절대성을 인정하여 국왕이 신하의 뜻을 받아 주지 않으면 그 신하는 조정을 떠나는 것을 미덕으로 생각하였다. 그러나 신유학에서는 적극적인 출사론(出仕論)을 표방하여 왕도정치의 가장 큰 실천 전제로서 왕의 수신 내지는 심의 수양을 강조하고 그것을 이끌어 주는 학자 관료의 입장을 중시하였다. 중종대《심경》에 대한 공식적인 거론은 바로 이러한 유학 사상 구현의 첫 단계였다. 그것은 또한 사림 세력의 정치적 성장을 말해 주는 것이었다.

《심경》을 사림파의 대표적 강론 교재로서 그 학문적 권위를 높인 이는 앞서 언급한 바와 같이 이황이었다. 선조대에는 이황의 학문적 권위에 기초하여 정부가 공식적으로《심경》을 인쇄 · 출간하였다. "《심경부주》 끝에 붙어 있는 이황의 의론이 정밀하고 절실하므로 이를《심경》의 판본에 보태어 인출(印出)하소서."라는 교서관제조 유희춘(柳希春)의 주장에 따라서 조정 대신들이 한결같이 이를 요청하였으므로, 선조는 이에 따라 "이황의 〈심경후론〉이 심학에 대해 밝힌 것이 많으므로《심경부주》의 끝에 새겨 인출하라."고 예조에 지시하였다.

호명(好名)을 일삼는 세태

선조대에《심경》의 간행이 사림파의 정국 장악과 때를 맞추어 진행되었다는 사실은 결코 우연이 아니다. 사림파의 심학 중시 경향이 이미 풍조를 이루고 있었을 뿐만 아니라, 임금의 마음 수양을 통치 행위와 결부시켜 성학(聖學)을 심학화(心學化)하고자 했던 사림파의 이상이 그 무렵 본격적으로 전개되기 시작했던 것이다. 이 무렵 선조가 부제학이었던 이이를 소대하여 현재의 공부 과정을 묻자, 그가 《사서》 중에서도 《중용(中庸)》을 이해하지 못하여 《육경(六經)》에 미치지 못하였사옵니다."라고 겸손해 하면서도, "《심경》 공부에 몰두하고 있사옵니다."라고 대답한 것은 당시 사림파 성리학자들의 관심이 어디에 있었는지를 상징적으로 보여 준다.

이 당시에는 《심경》과 더불어 《주자대전(朱子大全)》이 또한 정부 차원에서 인출됨으로써 전반적으로 유학의 심학화를 위한 기반이 조성되고 있었다. 사림파의 정계 장악과 더불어 선조대에는 지경(持敬)·수심(修心)을 위주로 하는 공부 분위기가 널리 하나의 풍조를 형성하기 시작한 것이다.

그렇지만 이와 같은 심학 위주의 공부 방법에 대해서 비판의 목소리 또한 없지 않았다. 대표적인 인물이 오위 소속 종6품 부사과 임기(林芑)였다. 그는 당시의 후생들이 이름을 낚는 미끼로서 《근사록》과 《심경》을 이용한다고 비판하였다.

이를 두고 사헌부에서는 그를 극력 탄핵하였는데, 선조는 이에 대해서 당시 학자들의 호명(好名)을 일삼는 세태가 못마땅하다면서 오히려 임기를 두둔하였다. 이에 임기의 처벌을 양사(兩司)가 합계(合啓)하였지만, 선조는 오히려 "《근사록》과 《심경》만을 읽어 이름을 낚는 미끼로 삼고 있다는 임기의 말은 그런 말을 들을 만한 점이 있다."고 하여 임기의 처벌을 불허하였다. 선조는 실제로는 당쟁에만 몰두하면서도 말끝마다 성현의 학문을 앞세워 도학자랍시고 거드름이나 피우는 사대부들의 위선에 대한 임기의 지적이 타당하다고 생각한 것이다. 따라서 "양사가 나를 위해 말한 자를 추국하려 하는 것은 옳지 못한 일로 임기는 절대로 추국할 수 없다."는 일관된 입장을 고수하였다.

　임기에 대한 처벌은 양사가 한 달이 지나도록 쟁론하였지만, 선조
는 끝내 윤허하지 않았다. 이에 대해서는 사관(史官)조차도 선조의 처
사를 비난하였다.

변화하는 조선 사회

　그렇지만 시대의 조류를 국왕 혼자의 힘으로 막을 수는 없는 것이
었다. 사림파들은 이제 본격적으로 사장학(詞章學)을 중시하는 관학
교육을 비판하면서 경학(經學)을 중시해야 한다고 주장하였다. 사림
파들은, 당시의 사자(士子)들이 학교 교육을 통해서 바른 교양을 쌓
지 못하고 장구(章句)를 따내 문장을 지어 명리(名利)만을 바랄 뿐이
라고 비판하였다. 그렇기 때문에 일상생활의 수양에 필요한 《소학》,
《심경》, 《근사록》을 중시해야 한다고 주장하였다. 그리고 대사성을
중심으로 사유(師儒)에 대한 감독을 철저히 해야 한다는 점을 공론으
로 형성하였다.

　신하들이 하나가 되어 심학을 강화해야 한다는 여론을 조성하자,
선조도 이 같은 견해를 수용할 수밖에 없었다. 이러한 심학화의 경향
에 편승하여 《심경》은 임진왜란 이후 사서삼경을 비롯한 《통감(通
鑑)》, 《가례(家禮)》, 《십구사략(十九史略)》 등 경서(經書), 사서(史書),
예서(禮書)들과 함께 나란히 국립 최고 교육 기관인 성균관의 필수
서적으로서 새롭게 편입되어 들어갔다.

　선조대에는 또한 여말 정몽주로부터 김굉필－정여창－조광조－이

언적으로 이어지는 사림파의 도통(道統)이 점차 윤곽을 잡아 갔다. 이와 함께 그들이 중시했던 서적들이 국책으로 간행되었다. "《근사록》,《심경》,《소학》은 모두 치도(治道)에 관계되고 《삼강행실(三綱行實)》은 윤기(倫紀)를 부식(扶植)할 만하니 간행하라."는 선조의 어명이 내려졌던 것이다. 사림파들이 중시했던 수신서들이 《삼강행실도》와 짝을 이루어 반포된 점은, 사림 세력의 정계 장악 이후의 분위기를 잘 보여 준다. 즉 심성론을 위주로 한 도덕적 가치의 구현이 국가 운영의 기본 노선으로 자리 잡아 간 것이다.

선조대에 가닥을 드러낸 사림파의 도통은 1610년(광해군 2년)에 김굉필·정여창·조광조·이언적·이황이 이른바 사림5현으로 문묘에 종사되면서 결실을 맺는다. 이것은 수차례의 사화를 겪으면서 성장해 온 사림파가 선조의 즉위와 더불어 완전히 정국을 장악한 이후 그들의 도통을 공인받았음을 의미한다. 사림파는 이제 명실상부한 정국의 주도 세력이 된 것이다.

그러나 사림파의 정계 장악은 여러 가지로 부작용을 불러일으켰다. 가장 큰 문제는 민생과 현실을 중시하던 조선 전기 관학파 성리학자들의 유풍을 상실하고 고원한 이론과 의리 명분만을 앞세우는 공리공담의 사회로 조선 사회가 변한 것이다. 그 전형적인 폐해는 선조대에 발생한 임진왜란에서 여실히 드러난다.

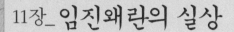

11장_ 임진왜란의 실상

날아다닌 듯한 왜군

임진왜란이 발생하자 왜군은 부산을 함락시킨 지 불과 18일 만에 한양을 점령했다. 왜군이 부산 영도에 상륙한 것이 1592년 4월 13일 이었고, 부산진성과 동래성을 함락시킨 것이 4월 14일과 15일이다. 상륙한 지 이틀 만에 부산을 점령한 것이다.

이후 4월 25일 상주에서 이일(李鎰)의 군대를 패퇴시키고, 4월 26 일에는 문경에서 현감 신길원(申吉元)의 결사대를, 4월 27일에는 충주 탄금대에서 신립(申砬)이 이끄는 8천의 조선군을 전멸시켰다. 부하 20여 명을 이끌고 결사전을 펼쳤던 신길원은 최후까지 부상당한 몸으로 항전하다가 마침내 왜군에게 사지를 절단당하여 죽었다.

이처럼 왜군은 마치 나는 듯이 하루 25킬로미터 이상씩을 행군하여 5월 3일 한양에 입성하였다. 이것은 왜군이 북상하는 동안 아무런 제지도 받지 않았다는 사실을 보여 준다.

혹자들은 이와 같은 사태를 두고, 조선이 200년 동안 평화 시기를 구가하느라 전쟁에 무지한 상태였다거나, 또는 일본의 정세를 살피기 위해 서인 정사 황윤길(黃允吉)과 동인 부사 김성일(金誠一)을 주축으로 파견한 통신사들이 당쟁 때문에 일본의 침략 정보를 제대로 보고하지 않은 탓에 기습을 당한 것이라는 해석을 한다. 하지만 이러한 분석은 피상적인 관찰에 지나지 않는다.

조선 전기에는 북방으로는 여진족을 토벌하여 4군 6진을 설치하고, 남방으로는 왜구를 근절하기 위해 그 소굴인 대마도를 소탕하여 대마도 영주의 항복을 받아 낼 만큼 조선은 강력한 군사 강국이었다. 그리고 세조 때에는 이미 100만의 대군을 보유하고 있었다.

왜군의 기습에 당했다는 것도 논거가 희박하다. 조선은 이미 중종 5년(1510)에 일어난 삼포왜란을 통해서 일본의 조선 침략에 대한 가능성을 충분히 숙지할 수 있었다. 그러한 배경에서 임진왜란 직전에 이이는 이미 10만 양병설을 주장한 것이다.

요컨대 임진왜란에서의 참패는 정권을 담당하고 있던 사림파의 무책임과 도덕적 해이에 근본적인 원인이 있었다고 할 수 있다. 즉 강한 군사력을 보유했던 조선이 왜군에게 그토록 무참하게 깨어진 것은 성종대 이후부터 사림파가 정계에 진출하면서 도덕적 해이 현상이 심화되고 그로 인해서 국방 체계가 허구화되었기 때문이다.

텅 빈 군대

조선 전기에는 현직 관료와 학생을 제외한 모든 남자들이 군역을 담당하는 양인 개병 제도(良人皆兵制度)가 유지되었다. 16세 이상 60

세 이하의 양인 남자는 정식 군인이 되거나, 그들의 식량, 의복 등 경비를 대주는 보조원[봉족(奉足) 또는 보인(保人)]이 되도록 했다. 그리고 왕의 친척인 종실, 척실과 공신 및 고급 관료의 자제들도 국왕의 호위와 시종, 왕궁의 경비를 담당하는 특수 부대에 소속시켜 군역을 담당하도록 조치하였다.

조선 전기에는 이 의무 병역 제도를 유지하기 위해 계정법(計丁法)과 계전법(計田法)을 실행하여 인정(人丁) 수나 토지 면적을 기준으로 군역을 부과하였다. 따라서 인정이나 토지가 많을수록 군역 부담을 크게 함으로써 사회적 강자가 사회적 약자보다 국가에 더 많은 봉사를 하도록 제도적인 장치를 마련하였다. 또 정병(正兵)은 되도록 부실호(富實戶)로 하고 빈약자를 봉족(奉足)으로 한 것도 경제적으로 안정된 사람에게 국방을 위한 전투를 맡기겠다는 취지였다.

요즈음 우리 사회에 절실하게 요청되고 있는 '노블리스 오블리주'의 정신을 조선 전기 사회에서는 이미 제도적으로 확보하고 있었다. 경제력이 뒷받침되면서도 높은 신분적 위치에 있는 사람이 국방의 주역이 되도록 한 것이다. 종친이나 공신 자제까지도 비록 특수군이지만, 일단 군역을 지운 것도 그런 취지였다.

그렇지만 16세기 중종대부터 보편화되기 시작한 대역제(代役制)와 수포방군(收布放軍)으로 양인 개병제가 무너졌다. 이는 이 시기에 사족들이 군역을 기피하는 현상이 고조된 것과 표리 관계를 갖고 있다. 16세기 초 이후 정병이 군포(軍布)를 대납(代納)하는 대상으로 변해 군역을 피하는 경향이 심해지면서 세조 12년(1466)에 전국 방위망으로서 완성된 진관 체제는 더 이상 유지가 어렵게 되었다.

대역제와 수포방군이 횡행한 본질적인 이유는 사족 계층이 양인

개병제의 법 취지를 배반하고 그들의 특권과 재부를 이용하여 군역
을 회피하려고 하였기 때문이다. 여기에서 사족은 구체적으로 사림
파를 가리킨다. 16세기 이후 정계에 진출한 사림파는 그들의 특권을
극대화하기 위하여 사족 지배 체제라는 것을 완성하였다.

사림파가 기도했던 사족 중심의 사회는 그들이 정국을 완전 장악
하는 명종 · 선조대 이후에 배타적인 사회 체제로 굳어졌다. 훈신이
지배하던 시기가 양반 지배 시대이며, 양반 지배 시대가 배타성과 세
습성이 약하다고 한다면, 반대로 사림 정권이 확립된 시대가 사족 지
배 시대이며, 사족 지배 시대는 신분적 배타성과 세습성이 강화된 시
대라고 할 수 있다. 연산군대에서 명종대까지 걸쳐 발생한 사화기는
그 과도기였다.

그리하여 16세기 후반에 가면, 같은 양반이라도 사족 출신의 양반
이 아니면 이를 서족유직자(庶族有職者)로 구별하여 향약의 자리 순
서에서도 차별 대우를 하였다. 사족(士族)과 서족(庶族)은 관직의 유
무와 관계없이 혈통상으로 구별되기 시작한 것이다. 이와 같은 변화
는 16세기에 사림파가 새로운 정치 세력으로 등장하면서 기성 관료
를 멸시하는 풍조가 생긴 것과도 관련이 깊은 것이었다.

사족 지배 시대의 부작용은 사회의 건강성이 상실되고 문약성이
강화된다는 점이었다. 조선 전기의 신분관에서 문보다는 무를 천하
게 생각하고, 무보다는 기술을 천하게 생각한 것은 사실이었다. 그렇
지만, 그러한 차별이 세습 신분을 형성할 만큼 심각한 것은 아니었
다. 적어도 제도상으로 본다면 《경국대전》 편찬 당시만 해도 기술관
은 엄연히 문반에 속하였고, 무반과 함께 양반을 형성하였다. 즉 양
반이라 하면 문반 · 무반을 합칭하는 것이고, 그 문반 속에 기술관이

속했던 것이다.

세종대에 중국계 귀화인과 기녀 사이에서 태어난 천인 출신의 장영실이 기술관으로서 당하관의 최고위직인 종3품 대호군에까지 승진한 것도 이러한 시대적 뒷받침 때문이었다. 장영실은 중국과 아라비아의 기술 수준을 뛰어넘는 독창적인 물시계와 해시계를 비롯하여 수많은 천문 관측 기계와 조선 시대 활판 인쇄기술을 대표하는 갑인자 및 그 인쇄기를 완성하였다. 사림파가 집권한 사족 지배 체제에서는 상상도 할 수 없는 일이었다.

그런데 사림파가 그들의 정국 장악 무기로 앞세운 《심경부주》는 맨 처음 갑인자로 인쇄되었다. 갑인자는 사림파가 무시하여 마지않던 천인 출신 장영실이 만든 활자체였다. 재미있는 역사의 에피소드가 아닐 수 없다.

그러나 성종대 이후로 사림이 등장하고 문치주의가 강화되면서 기술관을 문·무와 구별하여 독립된 반열로 밀어내는 운동이 일어났다. 소위 사족들이 기술직을 회피하여 세전되는 경향이 나타나는데, 양반 대신에 사족이라는 말이 보편적으로 쓰이게 되는 것도 여기에 이유가 있었다. 즉 양반이라 할 때는 문·무·잡이 다 포함되는 것이지만, 사족이라 할 때는 기술도 안 하고, 무업(武業)도 피하며, 순수 인문 교양을 위주로 하는 문인층을 가리키는 것이 되었다. 성종대 김종직 일문의 사림파가 등장한 이후 이러한 경향이 나타났는데, 이것이 독립된 배타적 신분층으로 굳어지는 것은 16세기 후반기 이후, 즉 사림파가 완전히 정국을 장악하는 선조대 이후였다.

진관 체제가 무너지면서 이를 대체한 제승방략(制勝方略)이 1555년(명종 10) 무렵부터 도입되었다. 제승방략은 유사시에 각 고을의 수령이 그 지방에 소속된 군사를 이끌고 본진을 떠나 배정된 방어 지역으로 가는 분군법(分軍法)이었다. 따라서 후방 지역에는 더 이상 군사가 남아 있지 않기 때문에 1차 방어선이 무너지면 그 뒤는 막을 길이 없는 전법이었다. 또한 제승방략은 지방군의 지휘권이 병마절도사에서 벗어나 비변사를 중심으로 하는 중앙 정부에 직속된 관계로 그때그때 상황에 맞는 조치를 재빠르게 취할 수 없는 단점을 지니고 있었다.

왜군이 임진왜란 때 부산을 함락시킨 후 그토록 빠르게 거침없이 한양을 향해 북상할 수 있었던 이유를 이제 알 수 있을 것이다. 부산 방어선 이후부터 한양까지 조선에는 실질적으로 왜군의 침략을 방어해 낼 군대가 존재하지 않았던 것이다.

이순신의 죽음

이렇게 사림파의 등장은 사회적으로 많은 문제점을 야기하였다. 특히 사림파는 사회 지도층으로서의 의무는 회피한 채 특권만을 앞세움으로써 양인 개병제를 허구화시키고, 이로 인해 임진왜란이라는 전란을 막지 못해 민생을 도탄에 빠뜨렸다.

더욱 개탄스러운 일은 임진왜란 중에도 정국을 담당한 사림파는 서인 · 북인 · 남인 등으로 갈라져 당쟁을 멈추지 않았다는 사실이다. 이들은 단지 당파가 다르다는 이유만으로, 또는 너무나도 혁혁한 공훈을 세워 그들의 영향이 확대되지나 않을까 하는 의구심 때문에, 조선 민족을 사지에서 건져 낸 이순신(李舜臣)을 비롯하여 많은 의병장

이순신(1545~1598) 임진왜란 당시 절체절명의 위기에서 조선을 구한 민족의 영웅. 그러나 오늘날에는 군사 독재 정권의 상징 조작에 이용되었다는 이유로 폄훼 현상이 심화되고 있다. 청전(靑田) 이상범(李象範) 그림.

들을 죽이려고 획책하였다. 이러한 소용돌이 속에서 김덕령(金德齡) 장군은 조정에 불려가 억울한 죽음을 맞이하였고, 홍의장군 곽재우(郭再祐)는 겨우 목숨을 부지하여 삶에 대한 깊은 회의를 가슴에 품은 채 산속으로 숨어 들어가고 말았다. 이순신 장군 또한 사림파의 모함에 걸렸다가 죽음을 겨우 모면하였으나, 결국 노량 앞바다 전투에서 장렬히 전사하였다.

그런데 이순신은 과연 불행히도 전사한 것인가? 1598년 11월 19일, 도요토미가 죽었다는 소식에 사천, 남해, 고성 등지의 왜선 3백여 척이 일본으로 철수하였다. 이때 이순신은 이들의 퇴로인 노량 앞바다의 길목을 막아섰다. "궁지에 몰린 쥐는 고양이도 문다."는데, 이미 전의를 상실하고 퇴각하는 적선을 이순신은 왜 굳이 막아선 것인가?

이순신의 죽음에 관하여 1711년(숙종 37)에 시강원 문학 이여(李畬)라는 사람은, "임진왜란 당시 공훈을 세우고도 모함을 당해야 했

鳴梁海戰圖一

右水營

洋島

花源半島

珍島

《명량대첩도》부분

던 이순신의 처지와 북인이 우세한 정국의 형편을 볼 때 (남인 계열
인) 이순신의 죽음은 미리 작정한 것일 수도 있다."는 견해를 제기하
였다. 이여의 자살설은 "북인들이 이순신의 죄를 떠든 목적은 실상
이순신을 천거한 유성룡을 잡는 데 있었다."고 본 《국포쇄언(菊圃瑣
言)》의 내용과 일맥상통한다. 그렇다면 이순신은 의도된 죽음으로써

자신의 충성심을 당쟁의 손이 닿지 않는 곳에 세우고 싶었는지도 모를 일이다.

임진왜란과 관련해서 이순신을 주목하는 것은 의리명분과 허장성세가 주류를 이루었던 사림파의 시대에 그가 철저하게 현실적인 입장을 잃지 않았던 보기 드문 인물이라는 점 때문이다.

이순신의 전투 가운데 가장 극적인 것은 명량해전이라고 생각한다. 그가 서인들과 일본 간첩 요시라의 모함에 걸려 고문을 받고 있을 때, 그를 대신해 삼도수군통제사가 된 원균은 무모한 전술을 구사하여 칠천도와 고성 앞바다에서 왜군에게 대패하였다. 이에 이순신이 다시 복귀하였으나, 그에게 남은 것은 고작 12척의 배뿐이었다.

조정에서는 12척의 함대로는 적에 대항키 어려우므로 수군을 폐하라는 명을 내렸으나 이순신은 "아직 12척의 배가 남아 있으며 내가

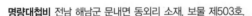

명량대첩비 전남 해남군 문내면 동외리 소재. 보물 제503호.

죽지 않는 한 적이 감히 우리의 수군을 허수히 보지 못할 것입니다."
라는 비장한 장계를 올린 후, 서해로 향하는 133척의 적선을 명량에
서 대파하였다.

우리는 이 사건을 신화와도 같은 기적이라고 평가한다. 그러나 어
떠한 환경에서든지 이순신이 해전에서 한 번도 패하지 않은 것은 기
적이 아니라 그의 철저한 준비 때문이었다. 그리고 그것을 가능케 한
것은 조선 전기의 과학 기술력이었다. 임란 당시 일본에 포로로 잡혀
갔다 도망쳐 온 제만춘(諸萬春)이라는 사람의 증언을 담은 《화국지
(和國志)》는 이순신이 매번 이긴 이유가 바로 조선 군함의 우수성에
서 비롯된 것이었다고 기술하고 있다.

조선은 태조 원년부터 전함 영조(營造)에 관심을 기울여 그 후의
임금들도 사수감(司水監), 사수색(司水色), 수성전선색(修城典船色)
등의 전문 관청을 두고 전함을 만들도록 하였다. 그리하여 조선 전기
에는 왜구 함선을 격파하는 데 큰 힘을 발휘한 대형 함선들이 많이
건조되었다.

대표적인 사례인 판옥선은 일본 배보다 컸을 뿐만 아니라, 판자가
두꺼워 튼튼하였고 함포를 탑재하여 화력이 강하였다. 그러므로 일본
배와 맞붙어 접전하면 전투력이 우세하였고 임란 때 그 위력을 십분
발휘함으로써 승리의 한 요인이 되었다. 그밖에도 맹선, 병조선, 전
함, 병선, 중선, 소선, 별선, 쾌선, 방패선, 탐선, 비거도선 등 용도와
목적에 따라 수많은 함선들이 건조되었다. 여기에 15세기에 들어와
서 현저하게 발달한 화약 무기들이 장착됨으로써 조선 수군은 막강한
전력을 보유했던 것이다.

따라서 이순신의 전승 신화는 그의 뛰어난 전술 구사와 함께 위와

거북선 조선 전기 수군의 대표 군함이던 판옥선을 이순신이 개조하여 만든 돌격선. 수백 척의 일본 전함 사이를 좌충우돌하며 누볐던 거북선은 우리가 자랑할 만한 당시 과학 기술력의 총아였다.

같은 조선 전기 과학 기술의 뒷받침에 의해서 가능하였다고 할 것이다. 공허한 명분론만이 난무하던 사림파 시대에 조선 전기의 전통인 현실주의적 입장을 잘 계승하였다는 점에서 이순신의 가치는 더욱 빛을 발한다.

이순신에 의해서 재창조되어 무패의 전승을 거두며 임진왜란에서 가장 큰 위력을 발휘한 거북선이 그 후 사림파의 시대에는 기술적인 전승을 이루지 못하고 실전에서 한 번도 사용되지 못했다는 사실은 사림파 정권의 허울 좋은 실상을 그대로 대변해 준다.

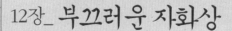

12장_ 부끄러운 자화상

속세를 등진 곽재우

임진왜란 중 그나마 파죽지세의 왜적에게 제동을 건 것은 무용지물이 된 관군이 아니라 전국 각지에서 자발적으로 일어난 의병들이었다. 나라에 대한 충의를 내걸었던 의병들은 농민들이 주축을 이루었고, 전직 관료, 유생 그리고 승려들이 지도하였다. 의병은 전국 각처에서 일어나 그 수를 헤아리기 어려우나, 그 중에서도 많은 전과를 거두고 명성을 떨친 사람은 평안도의 조호익(曹好益), 양덕록(楊德祿), 휴정(休靜 : 서산대사), 함경도의 정문부(鄭文孚), 경기도의 김천일(金千鎰), 심대(沈岱), 홍계남(洪季男), 경상도의 곽재우(郭再祐), 김면(金沔), 정인홍(鄭仁弘), 제말(諸沫), 충청도의 조헌(趙憲), 전라도의 고경명(高敬命), 강원도의 유정(惟政 : 사명대사) 등이다.

곽재우는 1592년 의령에서 봉기하여 홍의장군(紅衣將軍)으로 불리며 낙동강 일대에서 왜적을 소탕하는 데 공을 세웠지만, 그 과정에서도 당쟁의 폐단 때문에 몹시 힘겨워했다. 그는 전란 중에 관찰사 김수(金睟)의 모함을 받고 체포되었다가 초유사 김성일의 장계로 무죄임이 밝혀져 석방되는 고초를 겪어야만 했다.

사실 곽재우가 의병으로서 봉기하는 데 직접적인 원인을 제공한 이는 김수였다. 곽재우는 의병 봉기를 격려하는 〈통유도내열읍문(通諭道內列邑文)〉에서 "김수는 나라를 망친 적이니 누구든지 춘추의 의리로 그의 머리를 벨 수 있고, 이는 왜적 풍신수길의 머리를 베는 것보다 공이 더 크다."고 선포하였다. 그리고 "만일 수령이 김수를 옹호하여 고을 사람들이 거의하지 못하도록 한다면 함께 목 벨 것이다."라고 경고하였다.

이에 관군과 의병과의 관계를 원만히 조정하려던 초유사 김성일이 도순찰사 김수와 함께 있는 자리에 곽재우를 불렀으나 곽재우는 이에 응하지 않고 〈상초유사김학봉서(上招諭使金鶴峰書)〉를 올려 다음과 같이 김수를 비난하였다.

김수는 우리나라의 죄인입니다. 왜변이 있을 때에 동래에서 밀양으로 도망하였고 밀양에서 또 초계로 달아나는 등 군졸을 통솔하지 못하여 영남의 백성이 적의 손에 함락되도록 하였습니다. 그런데도 도리어 근왕하기 위하여 서울로 올라간다고 속이고 있습니다. 김수의 머리를 벤 연후에야 용맹한 군사를 이끌고 초유사가 있는 곳으로 가겠습니다.

한 도의 방어를 책임진 관리임에도 불구하고 백성들을 지킬 책임을 방기하고 왕명을 속인 자와는 상면하기도 싫다는 강한 기개를 보인 것이다. 불의를 보면 참지 못하는 그의 성격을 잘 드러내 주고 있다.

곽재우는 이황과 더불어 당세 학행의 사표가 되었던 남명 조식의 사위였다. 그가 1585년(선조 18) 정시문과에 을과로 급제하였음에도 불구하고 다시 합격이 취소된 것도 왕의 뜻에 거슬린 글귀를 썼다는 이유 때문이었으니, 그의 학식과 기개를 가히 짐작할 수 있다.

곽재우가 소집 요청에 불응하자 초유사 김성일은 곽재우가 도당을 이끌고 반란을 꾀하여 제멋대로 날뛴다는 이유로 죄를 물으려 하였다. 그러자 곽재우는 다음과 같이 답변하였다.

옛부터 충신, 열사가 제명에 죽지 못한다는 사실을 잘 알고 있으므로 군사를 해산하고 산속에 들어가려고 하지만, 이미 군사를 일으킨 것은 그대를 위함이 아니요 나라를 위한 것이니 당신의 말을 듣고 나의 뜻을 포기할 수는 없소이다.

'충신, 열사가 제명에 죽지 못한다는 사실을 잘 알고 있다.'는 곽재우의 말은 당시의 사림파가 국정 현안을 도외시한 채 오로지 당쟁에만 몰두하고 있는 상황을 안타깝게 표현한 것이다. 또 '은둔하려는 뜻을 접고 의병을 일으킨 것은 그대를 위한 것이 아니라 나라를 위한 것'이라는 말에는, 아무리 잘난 사람을 시기하는 것이 세태가 되었을 지언정 목숨을 바쳐 나라를 구하는 것이 선비의 책무가 아니냐는 소신과 함께, 국가 위기를 제대로 타개하지도 못하면서 민군을 자기 뜻대로 좌우하려는 초유사 김성일에 대한 신랄한 조소가 담겨 있다.

이 일로 그는 조정에 체포되었다. 그렇지만 곽재우의 인물됨을 파악한 김성일의 장계로 간신히 석방되었다. 그 후부터 곽재우는 몇 차례에 걸쳐 제수된 관직을 마다하고 은둔을 결심한다.

그렇지만 세상은 그를 그냥 두지 않았다. 1599년 9월 경상좌도병사에 제수되었을 때에 조정의 당쟁에 분개하여 이듬해 사직소를 내고 귀향하다가 대간의 탄핵으로 영암에 부처(付處)되어 1602년까지 유배 생활을 하게 된다. 세상과 타협하지 않는 자는 살아남을 수 없던 것이 그 시대의 율법이었다.

광해군대에도 경상도 병마절도사와 수군통제사 같은 높은 벼슬이 수차례에 걸쳐 내려졌다. 그러나 세파에 지친 곽재우는 벼슬을 마다하고 완전히 은둔의 길로 들어선다. 산속으로 숨어든 것이다. 곽재우는 신선의 방술을 닦는 것으로써 시대적 고뇌에서 벗어나려 하였다. 평소에 단전호흡을 통해서 심신을 연마한 그는 "허(虛)가 극(極)하여 맑고 맑으니 사념(思念)이 끊어지고 명명(冥冥)하다. 수(水)가 생(生)하고 화(火)가 발(發)하여 신기(神氣)가 혼합하니 몸 안에 단(丹)을 이룬다."는 말을 남겼을 정도로 신선술에 상당히 조예가 있었다.

1600년(선조 33년) 2월 곽재우는 좌병사를 사직하며 올린 〈기관소(棄官疏)〉에서 마지막으로 당쟁의 폐단을 통렬히 비판하였다.

지금 왜적의 괴수 풍신수길이 급사하고 왜적이 물러난 것은 중흥의 기회이다. 그러나 조정은 동서남북으로 붕당하여 서로 헐뜯고 공격하니 국가와 사직을 위태롭게 할 것이다.

그런데 곽재우의 이 말이 오늘날까지도 우리들의 가슴에 끊이지 않는 울림으로 남아 있는 것은 어째서일까?

귀화한 일본인 김충선

한편, 공리주의에 대한 현실적 의미 부여를 완전히 상실한 사림파 정국하에서 임진왜란을 극복하기 위해 실용 무기의 제조술을 각 군에 전파한 이는 역설적이게도 김충선(金忠善, 1571~1642)이라는 일본인이었다. 그의 본래 이름은 사야가(沙也可)였고, 1592년 임진왜란 때 가토 기요마사(加藤淸正)의 좌선봉장으로 3천의 군사를 이끌고 침입해 왔으나, 조선의 풍속과 문물을 흠모한 나머지 경상도 병마절도사 박진(朴晉)에게 귀부(歸附)하였다.

선조는 3천 명의 군사를 거느리고 투항한 그를 궁궐에 불러 무예를 시험하고 가선대부(종2품)에 특진시켰다. 그는 조선에 귀화하여 임진란은 물론이고 이괄의 난과 병자호란 때에도 큰 공을 세워 삼란(三亂)의 공신으로 불린다. 문집으로는 《모하당집(慕夏堂集)》이 전하는데 여기에는 재미있는 내용들이 많이 있다.

귀화 직후에 많은 사람들이 그의 진의를 의심하자 1592년 4월 15일 〈효유서(曉諭書)〉를 발표하여 지금 자신은 왜장이 아니라 백성들을 위무하려는 조선 사람임을 주장하면서 안심하기를 청하였다. 그리고 4월 20일에는 정식으로 귀순을 청하는 〈강화서(講和書)〉를 작성하여 "왜군의 선봉장 사야가는 삼대의 문물이 아름답게 갖추어진 조선의 백성이 되어 충성을 다하겠습니다."라고 다짐하였다. 귀화한 입장에서 겪을 수밖에 없었던 여러 가지 고충들을 짐작하게 한다.

김충선은 귀화 후의 모든 의혹들을 만회하기 위해서 몸을 아끼지 않고 전투에 참가하였다. 귀화 직후 영남의 군진에서 두 번의 승전을 올리자 선조는 그에게 이름을 내려 주었다. 본명이 사야가(沙也可)인데 모래[沙]에서 나오는 사금(砂金)을 연상케 한다 하여 김(金)씨를 성으로 하사받았다. 그리고 바다를 건너왔으므로 김해(金海)를 본관으로 하였다고 한다.

김충선은 특히 임란 당시 조선 군대의 무기 개량에 일조하였다. 그는 맨 처음 절도사에게 편지를 올려 임란 중의 왜군의 무기는 화포와 조총인데 활과 화살로는 대적할 수 없으니 자신의 조총 제조 기술을 군중에 널리 가르쳐 전투에 활용하자고 건의하였다. 그런데 조정에서는 조총 제작에 필요한 쇠를 수집하기가 곤란하다는 이유로 거부의 뜻을 표명하였다. 그러자 그는 다시 영상 이원익에게 편지를 올려 종루(鐘樓)에 묻힌 깨진 종을 파내어 쓰는 것이 좋겠다는 의견을 제시한다.

사실 전란 중에 조총을 확보하는 일은 조선군의 전력 강화 측면에서 매우 시급한 문제였다. 왜군의 조총이 총신이 길고 총구멍이 깊어

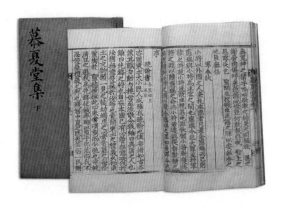

《모하당집》 임진왜란 당시 조선에 귀화한 일본인 김충선의 문집.

쏘는 힘이 맹렬한 것에 비해 조선군의 무기인 승자총통(勝字銃筒) 등은 총신이 짧아 위력이 조총에 미치지 못함을 깨달은 이순신은 독자적으로 정철조총(正鐵鳥銃)을 연구ㆍ제작하여 그 견본 5자루를 조정에 올려 보낼 정도였다.

처음에 난색을 표명하던 조선 정부도 조총의 유효함을 깨닫고 왜군으로부터 노획한 조총을 중앙으로 올려 보내라고 명하는 한편, 김충선으로 하여금 조총 만드는 법을 전군에 보급하도록 허가한다. 이후에 김충선은 자신의 수하 김계수 등과 함께 전국 각처의 조선 부대 내에서 조총 만드는 법을 전파하였다.

그가 이 일과 관련하여 직접적으로 편지를 주고받은 사람만 하더라도 전라체찰사 정철(鄭澈), 경기도 관찰사 유근(柳根), 황해도 관찰사 유영경(柳永慶), 경주 부윤 박의장(朴毅長), 전라도 관찰사 이정복(李廷馥), 청안 현감 전유형(全有亨), 충청 어사 이시발(李時發), 금부도사 조호익(曺好益), 도원수 김명원(金命元), 초유사 김성일(金誠一), 통제사 이순신(李舜臣) 등으로, 당시 임란에 참여한 거의 모든 장수들과 관계를 유지하였음을 알 수 있다.

또한 초유사 김성일에게 보낸 답장에서는 비변사의 명령으로 각 진에 조총과 화약 제조 기술을 널리 가르치고 있다는 내용이 보인다. 김충선은 임진왜란 기간에 조선 군대에 조총과 화약 기술을 중점적으로 전수했던 것이다.

13장_ 광해군의 민생 정치

사림파를 경멸한 군왕

선조에 이어 왕이 된 광해군은 우선적으로 임진왜란 직후 피폐된 민생을 회복시키기 위해 모든 노력을 기울였다. 전란 후 가장 시급했던 것은 의술의 보급이었다. 지극히 번잡한 중국 의학 이론과 값비싼 중국산 약재 대신에 저렴하면서도 우리 몸에 맞는 토산 약재와 의학 이론을 갖춘 허준(許浚)의 《동의보감(東醫寶鑑)》이 편찬 간행된 것도 광해군의 후원에 힘입은 바 크다.

또 무주의 적상산(赤裳山) 사고를 지어 전란 중에 훼손된 사고에 대한 정비 작업을 벌이고 각종 사료와 서적들을 보관하는 데 각별한 신경을 썼다. 1608년 즉위 직후에는 종묘를, 1611년에는 창덕궁의 중건을 완성하여 선조 때부터 실추된 왕권의 위상을 회복하기 위해 노력하였다.

그리고 국방을 강화하기 위해 토지 조사 사업과 호적 조사 사업 등도 실시하였는데, 광해군이 즉위하자마자 시행한 가장 대표적인 민생 구제책은 대동법이었다. 대동법은 잡다한 공납을 전세화(田稅化)해서, 전지 1결당 백미 12말(처음에는 16말)을 징수하는 것으로 단순화시킨 것이다.

대동법 시행 이전 조선의 민중들은 공납과 군역의 폐단 때문에 도망자가 속출하였다. 관청에서는 이를 메우기 위해 친족과 이웃에게 그 책임을 지우는 족징(族徵)·인징(隣徵) 등을 실시했고, 이 때문에 한 가족, 한 마을이 모두 도망가 마을이 텅 비는 경우도 있었다.

공납 폐단의 시정을 주장한 사람으로는 이이와 남인 재상 이원익이 유명하다. 그렇지만 이이가 주장한 대공수미법(代貢收米法)은 당시 많은 양반 사대부들의 극심한 반대에 부딪쳤다. 부과 기준을 가호가 아닌 토지 결수로 삼자고 주장했기 때문이다. 가호를 기준으로 할 경우 부유한 양반 전주(田主)나 가난한 전호(佃戶)나 다 같은 액수의 세금을 내게 되지만, 토지 결수를

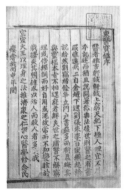

〈동의보감〉 25권 5책. 허준이 선조의 명을 받아 1597년(선조 30)에 편집에 착수하여 1611년(광해군 3)에 완성하고 1613년(광해군 5)에 간행한 조선 제일의 의서이다. 모두 23편으로, 내경편(內經篇: 내과) 4권, 외형편(外形篇: 외과) 4권, 잡편 11권, 탕액편(湯液篇) 3권, 침구편(鍼灸篇) 1권, 목록 2권으로 되어 있다. 의학의 기본 원리를 임상에 직결시키는 체계적이고 실용적인 해설로 당시 중국과 일본에서도 인기를 끌었다.

기준으로 삼을 경우에는 토지가 많은 양반 전주일수록 많은 액수의 세금을 내야 한다. 따라서 누진세 성격을 지닌 이 법의 시행은 그리 순탄하지 않았다. 그것을 광해군이 즉위하자마자 밀어붙인 것이다.

그러나 광해군의 이러한 민생 복구 노력과 관계없이 사림파 성리 학자들의 관심은 《심경》을 정식 경연 과목으로 확고히 하는 데 있었 다. 광해군 1년(1609) 6월, 광해군 잠저 때의 사부였던 강인이 상주 목사로 부임하면서 광해군에게 《심경》 공부를 당부한 일을 도화선으 로 하여, 대신들은 한결같이 국가의 원기인 선비를 기르기 위해서는 대사성이 날마다 관학에 윤좌하여 성리(性理)에 관한 글을 통강(通 講)해야 하고, 지방에서는 팔도 감사에게 유시를 내려 사장(師長)을 뽑아 준수한 선비들을 교육시켜야 한다고 주장하였다. 특히 그 교재 는 《소학》, 《심경》, 《근사록》, 사서삼경 등이 좋다는 대신들의 주청이 뒤따랐다.

이듬해에도 계속하여 경연에서 《심경》, 《근사록》을 정식 과목으로 진강해야 한다는 신하들의 주장이 있었다. 그 이유는 《심경》이 마음 을 다스리는 법이고 《근사록》은 규모와 절목에 상세하여, 《심경》이 마음을 붙드는 법이라면 《근사록》은 큰 법과 정미한 의리를 담은 상 호보완적인 서책이기 때문이라고 하였다.

그렇지만 광해군은 이러한 요청을 선뜻 받아들이지 않았다. 광해 군은 민생을 등진 채 존명배금이라는 의리론과 임금의 마음 수양이 정치의 근본이라고 주장하는 사림파들의 비현실적인 태도를 내심 경 멸한 군왕이었다.

명나라는 이미 국세가 기울었고, 후금 세력이 장차 새로운 강자로 부상하고 있었기 때문에, 사림파들의 말대로 후금을 자극했다가는

대동법 시행비 경기도 평택시 소사동 소재.

임진왜란의 상처가 아물지도 않은 상황에서 또다시 전란의 화가 발생할 수도 있다고 광해군은 생각하였다. 이러한 광해군의 생각은 강홍립(姜弘立)을 통한 실리 중립 외교책에서 확인된다. 명나라의 원군 요청에 응하여 군사를 파견하되, 강홍립으로 하여금 후금에 거짓 항복하게 하여 그들에 대한 정보를 수집했던 것이다.

　대단히 현실적인 감각을 유지하고 있던 광해군은 오로지 전란 이후에 피폐해진 민생을 돌보는 데 온 힘을 쏟았다. 그렇지만 사림파들은 민생보다는 《심경》의 강독을 우선적으로 주장하였다. 광해군은 빗발치는 신하들의 《심경》 강론 요구를 비껴가기 위해서 선왕조에서도 이를 진강한 사례가 있는가를 살펴 시행하자는 쪽으로 응수하였다. 그리고 오억령(吳億齡)과 이수광이 다시 《심경》과 《근사록》을 조강이나 석강에서 강독하자고 주장한 데 대해서도 계속 유보적인 입장을 피력하였다.

그러나 광해군 2년을 기점으로 하여《심경》을 정식 경연 과목으로 채택하자고 하는 사림 세력들의 의론은 더 이상 제기되지 않았다. 광해군대에는 소북은 물론이고 서인과 남인은 전혀 국정의 운영에 개입할 수가 없었다. 정국을 장악한 대북 강경파들은 정적의 제거에 힘을 기울임으로써 자연히 사림파들의 관심이었던《심경》의 정식 경연 과목 채택은 등한시되었다.

인조반정

광해군의 실정은 실제 광해군 자신의 문제보다는 광해군을 등에 업고 권력을 천단한 대북파 정권에서 비롯되었다. 대북파는 남인과 서인을 중앙 정국에서 거의 축출하였고 지방 사류들이 공론을 표방하여 중앙 정국에 관여하는 것도 철저히 배격하였다. 정국의 형세는 "서인이 이를 갈고 남인이 원망을 품으며 소북이 비웃는" 상황이 지속되어 갔다.

대북 정권이 이렇게 경직된 정국을 유지할 수밖에 없었던 것은 그들의 경륜 부족에도 원인이 있었지만, 광해군이 국왕으로 등극되는 과정 자체가 좀 복잡하게 얽혀 있었기 때문이다.

선조 8년(1575)경부터 시작된 동서 분당은 점차 치열해져서 동인 중에서도 임진왜란 당시 가장 강경한 태도로 일본과의 싸움을 주장한 대북파가 세력을 키워 갔다. 그러다가 왕위 계승을 둘러싸고 소북파와 심각한 투쟁을 전개하게 된다.

조선의 14대 임금인 선조에게는 정비인 의인 박씨(懿仁朴氏) 소생의 적자가 없었고 비빈(妃嬪) 소생의 왕자가 많았다. 즉 공빈 김씨(恭嬪金氏) 소생인 1남 임해군(臨海君)과 2남 광해군(光海君), 인빈 김씨(仁嬪金氏) 소생인 3남 의안군(義安君), 4남 신성군(信城君), 5남 정원군(定遠君: 인조의 생부로서 원종으로 추존됨), 8남 의창군(義昌君), 순빈 김씨(順嬪金氏) 소생인 6남 순화군(順和君) 등 모두 열세 명의 왕자가 있었다. 그 중 광해군이 총명하였으므로 선조는 임진왜란 중에 광해군을 왕세자로 삼았다. 이 광해군을 중심으로 형성된 일단의 세력이 대북파였다.

그런데 선조는 33년(1600)에 의인왕비가 자식 없이 돌아가자 35년(1602)에 김제남(金悌男)의 딸을 왕비로 삼았는데〔인목대비(仁穆大妃)〕, 선조 39년(1606) 봄에 인목대비가 적자인 영창대군(永昌大君)을 낳은 것이다. 이에 영창대군을 옹립하려는 소북파가 대북파와 힘을 겨루는 형세가 전개되었다. 그러나 영창대군과 광해군을 각각 추대하려는 대–소북 간의 암투 중에 선조가 급사함으로써(1608) 전란 중에 왕세자로 책봉되었던 광해군이 무사히 등극할 수 있게 되었다.

그러나 임진왜란이라는 긴박한 상황 속에서 종사의 장래에 대한 염려 등으로 인해 급박하게 왕세자에 책봉되었던 광해군으로서는 왕위의 계승 자체가 무거운 부담으로 작용하였다. 왜냐하면 그는 종법 체계상 적자가 아니었기 때문이다. 게다가 소북파는 영창대군이 태어나기 전부터 선조가 광해군에게 전위(傳位)하려는 것을 여러 차례에 걸쳐 반대해 오고 있었다. 그러던 차에 선조가 영창대군을 낳게 되면서 소북파는 영창대군을 세자로 삼으려고 한 것이다.

따라서 광해군의 등극으로 집권하게 된 대북파는 다음과 같은 사안들을 고심하였다. 첫째, 영창대군을 옹립하고 광해군을 배척한 유영경 등의 소북파를 어떻게 처리할 것인가, 둘째, 광해군의 친형인 임해군을 어떻게 대우해야 하는가, 셋째, 영의정 유영경(柳永慶)과 손을 잡고 선조를 움직여 자기 소생인 영창대군을 옹립하게 하려던 인목대비의 대우를 어떻게 할 것인가, 넷째, 인목대비와 유영경 사이를 연결하던 인목대비의 오빠 김공량을 어떻게 대우할 것인가 하는 문제였다.

그런데 정국을 장악한 대북파는 이들 사안을 처리하기 위해 조금의 주저함도 없이 민첩하게 움직이기 시작했다. 광해군은 1608년 2월 2일에 즉위했는데, 대간과 홍문관 제신들은 벌써 2월 14일에 임해군이 모반을 꾀하고 있다고 상소를 올려 그를 전라도 진도로 귀양 보냈다. 그리고 계속해서 그를 죽여야 한다고 상소하였는데, 그 결과 임해군은 이듬해(1609) 4월에 교동에서 별장 이정표(李廷彪)에게 살해당한다.

1608년 2월 17일에는 파직된 영의정 유영경을 공격하는 상소가 빗발쳐 유영경 일파는 삭탈관작 문외출송(削奪官爵門外出送)의 처분을 받았고, 그해 8월 유영경과 그 당인(黨人)인 김대래(金大來)가 사사당했다.

1608년 5월 9일에는 사간원에서 인목대비의 부친인 김제남의 삭탈관작과 함께, 영창대군의 옹립설이 나돌고 있으므로 그를 정배해야 한다는 상소를 올렸고, 양사 또한 영창대군의 주살과 함께 김제남의 국문을 청했다.

광해군은 이를 불허하였으나 대신들의 간청에 밀려 5월 21일에 영창대군의 봉작(封爵)을 빼앗았고 29일에는 영창대군을 서인(庶人)으로 만들었다. 그리고 6월 1일에는 드디어 김제남을 사사하고, 대신들과 대간들의 빗발치는 상소로 인해서 8월에 영창대군을 강화도에 위리안치(圍籬安置)시켰다. 영창대군은 결국 광해군 6년(1614) 2월 10일 강화부사 정항(鄭沆)의 손에 살해당했다.

《광해군일기》는 영창대군의 최후를 다음과 같이 묘사하고 있다.

정항이 고을에 도착하여 위리(圍籬) 주변에 사람을 엄중히 금하고, 음식물을 넣어 주지 않았다. 침상에 불을 때서 눕지 못하게 하였는데, 의(영창군)가 창살을 부여잡고 서서 밤낮으로 울부짖다가 기력이 다하여 죽었다.

광해군 묘 경기도 남양주시 진건면 송릉리 산 59번지 소재.

광해군 10년(1618) 1월 4일에는 우의정 한효순(韓孝純) 등이 백관을 이끌고 인목대비의 10대 죄목을 들어 폐출할 것을 주장하였다. 이에 광해군은 종실 제인의 상소에 윤허하지 않는다는 교서를 내렸으나 31일에는 백관의 주장에 밀려 대비의 호칭을 없애고 서궁(西宮)으로 부르되 폐자(廢字)를 쓰지 말도록 하였다. 그러나 인목대비는 대신들이 도당에서 정한 폄손절목(貶損節目)에 의해서 사실상 폐위되고 말았다.

대북 정권의 강경 방침으로 정국의 경색이 지속되자 정권 탈환을 노린 서인 세력들은 광해군 12년부터 쿠데타를 계획하였다. 그리고 3년 후인 광해군 15년(1623) 3월 12일 거사에 성공하여, 정원군의 아들인 능양군(綾陽君) 종(倧)을 국왕으로 추대하였다.

이서(李曙), 신경진(申景禛) 등 인조의 인척들이 먼저 계획을 세워 구굉(具宏), 구인후(具仁垕) 등을 끌어들이고 다시 김류(金瑬), 이귀(李貴), 최명길(崔鳴吉) 등의 문신과 연결됨으로써 성공하게 된 이 반정에는 국왕으로 추대된 능양군 종도 적극적으로 참여하였다. 쫓겨난 광해군은 폭군이란 오명을 쓰고 1641년(인조 19) 7월 제주도에서 67세의 나이로 쓸쓸히 생을 마감했다.

광해군을 축출한 서인들의 명분은 광해군이 폐모살제(廢母殺弟)를 저지른 부도덕한 왕이라는 점이었다. 그러나 실제 인조 반정 이후의 정국을 살펴보면, 서인 세력들이 주장한 반정의 명분이 무색하리만치 부도덕함의 연속이었다. 그렇지만 반정 당시 서인들이 내걸었던 도덕적 명분론은 상당한 효과를 거둔 것이 사실이다.

많은 선비들이 폐모살제에 반발하여 광해군에게 등을 돌렸다. 이색의 후손인 이기발(1602~1662)은 인목대비 김씨가 폐해지자 형 홍

발과 함께 탄식하기를 "어찌 어머니 없는 나라에 벼슬하리요." 하면서 관직에 나아가지 않다가 인조 반정이 일어나자 비로소 과거를 보아 출사하였는데, 이러한 경우가 비일비재하였다.

《인조실록》에서조차 광해군이 실효성 있는 정책을 추진하여 식자들의 동정을 받고 있었음을 암시하는 구절이 보이기도 하지만, 결과적으로 폐모살제를 저지른 폭군이라는 오명은 벗지 못하였다. 인조대 우의정 강석기는 광해군이 "윤기(倫紀)에 죄를 얻어 스스로 천명을 끊음으로써 종사와 신민에게 버림받았다."고 평가하였다. 이는 이미 조선 사회가 민생의 안정보다는 도덕적 명분론이 주도적인 사회가 되었음을 말해 주는 것이다. 서인 세력은 이 점을 적극 이용하였다.

14장_이산해와 정인홍

처세술의 대가

폐모살제라는 도덕적 명분론을 앞세운 서인 세력들의 반정 명분이 얼마나 위선적이었는가는 다음의 사실에서 분명해진다.

광해군의 몰락은, 그를 등에 업고 대북 정권의 정적을 제거하기에 혈안이 되었던 일부 간신들 때문에 결정적으로 반정의 빌미가 제공된 측면이 컸다. 그 대표적인 인물은 이이첨(李爾瞻)과 이산해(李山海)였다. 그런데 이이첨은 전권을 휘두르는 가운데 정적들로부터 전한(前漢)의 왕망(王莽)과 같은 자라고 비판받은 것을 보면 나름대로 과격하기는 하나 개혁적인 면모가 있었음을 짐작할 수 있다. 그보다 더한 사람은 이산해였다.

《실록》에서는 이산해가 광해군을 미혹시켜 그 실정이 절정에 이르게 했으며, 그 아들 이경전(李慶全) 역시 사람됨이 교활하고 간사하여 자기 부형의 배경을 의지해서 조정의 권력을 제멋대로 농락하였다고 기록하고 있다. 그렇지만 《광해군일기》에, "인조 반정 뒤에 논의하는 자들이 그 수악(首惡)의 죄를 추후에 바로잡고자 했으나 역시 감히 하지 못하였으니 그는 역시 소인 가운데 우두머리였다."고 기술하고 있는 것을 보면, 이산해가 얼마나 간교한 정치술로 일생을 풍미하였는지를 짐작하고도 남음이 있다.

이산해에 대한 사관의 평가는 매우 비판적이다. 《광해군일기》에 의하면 이산해가 죽자 광해군이 그의 죽음을 매우 슬퍼하였는데, 이에 대해서 사관은 다음과 같이 조롱에 가까운 글을 남겨 놓고 있다.

임금이 소인에게 미혹된 것으로는 선왕(선조)이 산해에게 미혹된 것과 같은 경우가 없었다. 그러나 말년에 이르러 비로소 깨닫고 하교하기를 '산해의 마음은 길 가는 사람도 안다.' 하였는데, 지금까지 조야에서 그 말을 외우고 있다. 그런데 이제 왕(광해군)이 그를 국가의 시귀(蓍龜)와 상가(商家)의 장맛비*에 비기기까지 한 것은 무엇 때문인가? 산해가 스스로 정책(定策: 광해군이 왕위에 오를 수 있게 한 일)의 공훈이 있다고 자부했는데 왕도 그에게 공이 있다고 여겼기 때문인가? 그러나 김귀인(인빈 김씨)과 결탁하고 선왕의 뜻을 받들어 세자를 세우는 일을 방해하고 막은 것은 바로 산해가 주모자였는데, 왕만이 유독 깨닫지 못하였다. 그래서 불쌍히도 하늘의 토죄가 시행되지 않아 제집에서 늙어 죽었으니, 온 나라 사람들이 모두 그 죽음을 기뻐하고 그 늦은 것을 한스러워하였다. 그런데 (그가

---

* 출전은 《서경(書經)》〈열명(說命)〉상(上), "若歲大旱 用汝 作霖雨"이다. 상(商)나라 왕 고종이 재상 부열(傅說)을 칭찬하여 "만약 큰 가뭄이 들면 너를 써서 장맛비를 삼겠다."라고 한 데서 유래하였다. 그 뒤로부터 '상림(商霖 : 상가의 장맛비)'은 고위관리를 칭송하는 말로 쓰인다.

죽자 광해군이) 심지어 하교하기를 '애통함을 이기지 못하겠다.'고까지 하였으니, 이것이 이른바 인정을 거스른다는 것이다.

계속해서 《광해군일기》는 이산해에 대해 다음과 같이 기록하고 있다.

어려서부터 신동으로 불린 이산해는 깊은 마음에 술수가 많아서 밖으로는 어리석고 둔한 듯하지만, 임기응변을 할 때에는 변화무쌍함이 귀신과 같았다. 오래 이조판서를 역임하다가 재상에 이르렀는데, 그가 처음에 여러 관직을 임명할 때에는 청탁을 완전히 끊어서 사람들이 그 사심이 없음을 칭송하였다.

그러나 좋은 명성을 얻은 뒤로는 드디어 조정의 권한을 잡고 그가 처음에 골라 등용한 두세 소인배를 심복으로 삼아, 때때로 한밤중에 몰래 불러 은밀히 의논하면서 인물을 평가하여 뽑아 등용하거나 탄핵하여 내칠 것을 모두 결정하였다. 이와 같이 그가 요로에서 지위 고하를 막론하고 그와의 친소 관계를 따져 인물의 통색(通塞)을 결정했기 때문에 '아계현(鵝溪峴)'이라 불리웠다.

그러다가 기축년(1589)~신묘년(1591) 사이에 시세가 여러 차례 변하여 그 마음의 자취가 크게 폭로되었다. 그가 처음에는 정철에게 붙어서 그를 이끌어들여 함께 정치를 하다가, 정철에게 용납되지 못함을 안 뒤에는 또 떠도는 말로 몰래 궁궐과 내통해 그를 모함하여 서인 세력을 일소하였다.

1591년 정철이 건저 문제를 발의하자 아들 이경전을 시켜 김공량(인빈의 오빠)에게 정철이 인빈과 신성군을 해치려 한다는 말을 전하여 물의를 빚었으며, 아들 경전으로 하여금 정철을 탄핵하게 하여 강계로 유배시켰다. 그와 동시에 윤두수, 윤근수, 백유성, 유공진, 이춘영, 황혁 등 서인 영수급들을 파직 또는 귀양 보내고 동인의 집권을 확고히 했다.

이 때문에 조야가 반목하니, 시정의 아이들과 촌사람도 모두 그 이름을 부르며 비웃었다. 유성룡 등 여러 사람들이 모두 그와 나란히 서는 것을 수치스럽게 여겨 그와 약간 틈이 생기자 또 유성룡을 헐뜯어 급기야 그 당파에서 떠났다.

그 마음의 술수는 대개 임금의 뜻을 받들고 영합하여 교묘히 아첨함으로써 먼저 군상의 뜻을 얻은 뒤에, 몰래 역적이란 이름으로 남을 모함하였다. 한때의 간사하고 탐욕스런 무리들은 물론 궁내의 총애받는 자들과 결탁하여 선류(善類)를 배척 모함하는 것은 대체로 모두 이산해에서 시작된 것이다.

그리고 그 자신은 비록 한가하게 벼슬하지 않는 때에도 그가 만들어 배치해 놓은 자들이 모두 그의 당파로 광해군에 이르러서는 그 재앙이 하늘에 닿았다. 기자헌이 일찍이 말하기를, '이산해는 아마 용과 같은 사람이다. 붕당이 있은 뒤로 이와 같은 사람을 처음 보았다.'고 했으니 대개 그 지혜와 술수에 깊이 감복하여 상대하기 어려움을 꺼려서 한 말이었다.

그러니까 이산해는 정세에 따라 처음에 서인과 친하게 지내다가 남인으로 행세하였고 나중에는 대북의 영수가 되었으니, 철새 정치인의 면모를 유감없이 보여 준 것이다.

이산해의 아들 이경전 또한 교묘한 처세술로 인조 반정 뒤에도 목숨을 보전할 수 있었다. 《인조실록》에서는 그의 사람됨을 다음과 같이 기록하고 있다.

이경전은 맨 처음 이이첨과 더불어 악한 일을 함께 하며 서로 도와서 갑자기 숭품(崇品)에 올랐으나, 그 후 이이첨이 권력을 독점하면서 사이가 틀어졌다. 그런데 이것이 오히려 전화위복이 되어 반정하던 처음에 쫓겨남을 면할 수 있었다. 그 후 20여 년 동안 한직에 있으면서, 시 짓고 술 마시기를 스스로 즐기며 반정 공신들과 유대 관계를 돈독히 함으로써 세상에 용납되었다.

실로 부전자전, 막상막하의 처세술이라 할 만하다.

산림 정승의 최후

인조 반정 세력이 지목한 대북의 수괴는 이이첨, 이산해, 정인홍(鄭仁弘)이었는데, 이 중 이산해를 제외한 두 사람은 비참한 말로를 맞이하였다. 이이첨은 인조 반정이 일어나자 가족들을 이끌고 영남 지방으로 도망가던 중 광주(廣州) 이포현(利甫峴)을 넘다가 관군에게 잡혀 참형당했다. 이에 반해서 정인홍의 죽음은 좀 억울한 면이 있다.

정인홍에 대한 서인 세력들의 보복은 매우 잔혹하였다. 그는 인조반정 때 '역적의 괴수'로 지목되어, 거리에서 시체를 찢어 사방에 돌려가며 효시하는 능지처사란 극형을 받았다(인조 원년 4월 4일). 그때 정인홍은 우리 나이로 89세의 고령이었다. 당시의 판결문은 이러하였다.

정인홍 묘 경남 합천군 가야면 소재.

(정인홍은 폐모살제에 앞장서) 강상(綱常)이 무너지게 하고 사람의 도리가 막히게 했으니 하늘에 사무치는 죄악이 이이첨에 못지않다. 늙어서도 죽지 않았으니, 정히 오늘날을 기다린 것이다. 천도가 악행에 벌을 내린 것이 이와 같이 어김이 없다. (인조 원년 3월 15일)

그렇지만 사실은 퍽 다르다. 인목대비 폐모론이 일어났을 때도 정인홍은 옳지 않다고 주장한 사람이었다. 인목대비가 폐모를 면하고 경희궁에 유폐되자, 정인홍은 죽을 때까지 한양에 올라오지 않았다. 광해군은 그런 그를 신임하여 영의정이라는 최고 관직을 내렸다. 그러나 영의정 제수를 받고도 올라오지 않는 그를 보고 당시 사람들은 '산림 정승'이라 불렀다.

정인홍은 15세경에 조식(曺植)의 문하에서 수학한 후에 수제자가 되었고, 그 증표로 스승 조식으로부터 검(劍)을 물려받았다. 그는 광해군으로부터 '벽립천인(壁立千仞)의 기절(氣節)이 있다.'는 평가를 받을 만큼 과단한 성격의 소유자였다.

1592년 임진왜란이 일어났을 때는 의병을 일으켜 적극적인 항전 활동을 하여 '영남 의병장'이라는 칭호를 얻었다. 1602년 대사헌에 승진, 동지중추부사, 공조참판을 역임하였으며, 유성룡을 탄핵하여 사직하게 한 후 북인이 정권을 잡는 데 주도적인 역할을 하였다.

이후 북인이 영창대군을 지지하는 소북과 광해군을 지지하는 대북으로 분립되자 대북의 영수로 활약하였다. 그럼에도 불구하고 1614년 강화도에 갇혀 있던 여덟 살 난 영창대군이 역모를 꾸몄다는 이유로 죽음을 당할 즈음에 그것의 부당함을 알리는 상소를 올린, 불인지심(不忍之心)을 아는 고매한 인품의 소유자였다.

1613년(광해군 5) 7월 9일에 올린 〈신영창소(伸永昌疏)〉에서 정인홍은 영창대군이 8세의 어린 나이로 결코 역모에 가담하지 않았음을 역설하며 은혜를 베풀어야 함을 청하였다. 그는 임해군의 옥사 때에는 전은설(全恩說)을 주장하던 자들이 이때에는 해은설(害恩說)을 내세우는 것이 부당하다고 지적하였다.

특히 정인홍은 대북 정권의 실세였던 이이첨에게도 영창대군의 처단이 불가함을 알렸는데, 이러한 사실들은 결국 정인홍이 대북 강경론자들이 추진한 정적 제거에 깊숙이 관여하지 않았음을 보여 준다. 정인홍은 이이첨에게 보낸 편지에서 "영창대군의 처단은 성덕(聖德)에 누가 되고 의리를 해치는 행위"라고 이미 경고한 바 있었다.

같은 맥락에서 그는 인목대비의 폐모 사건에도 관여한 바가 없다.

1623년 인조 반정 이후 국문을 당한 그가 남긴 〈공사(供辭)〉가 그것을 입증한다. 즉 자신은 조정과 멀리 떨어진 영외(嶺外)에 은거하여 폐모지론(廢母之論)이 처음 누구에게서부터 나왔는지도 몰랐다는 진술이 이를 뒷받침한다.

과단성 있고 솔직 담백한 정인홍의 성품으로 보아 이는 진실이었을 가능성이 높다. 정인홍은 도당(都堂)에 편지를 보내어 "군신자모(君臣子母)의 명의(名義)는 하늘에서 나온 것으로서 결코 바꿀 수 없다."는 점을 강조하여 폐모론을 반대하였을 뿐만 아니라, 따로 이종욱과 김중시 같은 지인들에게 편지를 보내어 인목대비의 서궁 유폐는 불가하다는 점을 설명하였다.

이와 같이 훌륭한 인품을 지닌 그가 반정 세력에게 대북 강경파의 수장으로 지목되어 89세의 고령에도 불구하고 처참하게 처형된 것은 무엇 때문이었을까? 그것은 존명사대주의를 확립하기 위해 주자학 교조주의를 강조함으로써 집권 유지를 꾀했던 사림파들의 정국 구상에 그가 정식으로 반기를 들었기 때문이다.

정인홍의 스승인 남명(南冥) 조식은 이황과 함께 당대 학계의 쌍벽을 이룬 거목이었다. 평생을 처사로 살다간 조식은 문인인 정인홍, 김우옹(金宇顒), 정구 등에

남명 조식 비석 우암 송시열이 비문을 지었다. 경남 산청군 시천면 산천재 앞에 있다.

게 자신의 평생 장점은 죽음을 두려워하지 않고 아부하지 않는 점이라 하여 군자의 대절(大節)은 출처(出處)에 있음을 강조하였을 만큼 올곧고 강직한 선비의 기상을 지녔었다. 임진왜란 때 그의 문하에서 유명한 의병장들이 가장 많이 배출된 것도 평소 문도들에게 그가 보여 준 기상에 영향 받은 바가 크다.

그렇지만 이황이 조식을 비난하면서부터 좋았던 두 사람 간의 관계는 틈이 생기기 시작하였다. 이 때문에 정인홍은 스승인 남명의 문묘종사를 위해 퇴계

남명 조식(1501~1572) 이황과 쌍벽을 이루었던 당대 학행의 거목. 타의 추종을 불허하는 기절(氣節)로 유명하며, 항상 맑은 정신을 유지하기 위해서 성성자(惺惺子)라는 쇠방울과 검을 가까이 하였다.

의 학문과 행적을 비판하는 등 대북 세력의 학통을 강화하는 데 힘을 쏟으면서, 오히려 퇴계학파를 비롯한 다른 사류들의 인심을 잃게 되었던 것이다.

조식학파는 정치권과 의식적인 거리를 두면서도 강직한 성품을 바탕으로 하는 현실주의적 입장 때문에 많은 사림파들 사이에서 열세를 면치 못하였다. 반면 이황은 비록 선조대에 동서 분당이 실현되었

다고는 하지만 송시열과 윤증에 의해서 노소가 분기되기 전까지는 사림파의 조종으로서 존경받고 있었다. 노소의 기원이 된 이이와 성혼이 모두 〈도산급문록(陶山及門錄)〉에 기록되어 있을 만큼 조선의 성리학은 동서를 불문하고 이황을 하나의 커다란 연원으로 생각하고 있었던 것이다.

대북파의 중심 인물인 정인홍은 북인, 그 중에서도 대북만이 수용해야 할 군자당이라는 믿음을 바탕으로 국왕에게 군자당에 대한 변별을 강조하였다. 그러한 관점에서 북인 일변도의 인사가 행하여졌고, 이 때문에 대북 세력은 탄력 있는 정책을 펴지 못하였던 것이다. 그러한 측면에서 광해군대 대북 정권의 기반을 약화시킨 가장 큰 요인은 그들의 정책이 지니는 패륜성이 아니었다. 그보다도 그러한 정책들을 수행하는 과정에서 서인, 남인 등 다른 붕당의 존재와 반대 의견을 무시하고 각 붕당 간의 세력 조정에 실패했던 점이 치명적인 원인이 되었다.

그러한 분위기에서 정인홍이 사림파 성리학자들의 멸시의 대상이었던 원나라 허형(許衡)의 입장을 두둔한 것은 장작불에 기름을 부은 격이 되고 말았다. 광해군 1년(1609) 4월 15일에 올린 〈사이상봉사(辭二相封事)〉에서 정인홍은 다음과 같은 말을 인용하여 자신의 출처관(出處觀)을 밝혔다.

원나라 학자 허형의 뜻은 이윤〔伊尹: 은(殷)나라 명상(名相)〕의 뜻으로 하고 배움은 안자〔顔子: 안회(顔回). 공자의 문인으로 덕행이 뛰어났음〕의 학문으로 한다. 나간즉 실천이 있어야 하고 처한즉 지킴이 있어야 한다.

정인홍이 허형의 뜻을 인용한 것은 그가 조선 전기 관학파 성리학의 학풍과 맥이 통하고 있었다는 점을 입증한다. 조선 전기의 관학 성리학은 민본사상의 발전을 핵심으로 하여 주로 정치 질서의 변혁과 관련되는 경세적인 측면을 강조하였다. 원나라 허형은 그러한 입장을 대변했던 인물로서, 사림파들에게 성리학의 순수 형이상학적인 측면을 훼손시킨 주범으로 질시의 대상이 되고 있던 터였다.

남명 조식의 법통을 계승한 정인홍은 입으로만 말하고 실천하지 않는 사람들의 허위를 매우 싫어하였다. 그런데 광해군 3년(1611)에 정인홍의 주장으로 남인의 추앙을 받던 이언적과 이황을 문묘제사에서 삭제하고, 이를 반대하는 성균관 유생들을 축출한 사건은 유생들의 반발을 사는 커다란 계기가 되었다.

결국 정인홍이 그의 인격자적인 소양에도 불구하고 반정 세력들에 의해서 가장 처참하게 처형된 것에는 사림파의 유종(儒宗)이 된 이황을 훼척했다는 점이 크게 영향을 미쳤다. 또한《심경》이 처음 조선에 유입되었을 때 조식의 문하에 출입하던 정구 등이 이황과는 다르게 《심경》에 독자적인 주석을 가하려고 했던 일, 그리고 조식이 이황을 비판했던 일 등도 종합적으로 영향을 미쳐 정인홍을 괘씸죄로 죽게 만들었다고 하겠다.

15장_비운의 소현세자

주도권 다툼의 희생양

서인들이 광해군의 폐모살제를 명분으로 하여 반정에 성공하였지만, 인조의 통치 자체가 도덕적으로 전혀 하자가 없었던 것은 아니다. 특히 인조의 장자 소현세자(昭顯世子)와 강빈(姜嬪)의 살해는 여론의 지지를 받지 못하였다.

소현세자는 병자호란(1636) 후 볼모로 잡혀가 청나라가 명나라를 완전히 멸망시키는 인조 23년(1645) 2월까지 8년간 온갖 고초를 겪다가 김상헌(金尙憲)과 함께 돌아왔다. 김상헌이 척화파의 대표적 인물이었다는 점에서 주화파(主和派)들의 처지는 이제 풍전등화 격이었다. 이에 주화론을 주장한 공서파(功西派)는 소현세자를 독살하게 되는 것이다.

소현세자. 20대 후반부터 30대 초반까지 타국에서 볼모로 생활하며 국제 정세와 새로운 사상을 익힌 그의 가슴에는, 고국을 새로운 나라로 만들겠다는 의욕이 넘치고 있었다. 조선을 폐쇄의 나라에서

심양의 아동 도서관 소현세자가 볼모로 잡혀가 머물렀던 옛 심양관 자리. 심양관은 청 주재 조선대사관의 성격을 띠고 있었다.

개방의 나라로, 성리학 유일사상 독존의 나라에서 천주학 등 다양한 사상이 함께 하는 공존의 나라로, 백성을 희생시키는 비현실적 명분의 나라에서 백성 생활이 우선하는 현실의 나라로, 과학의 나라로 바꾸겠다는 의욕이 충만했다.

그러나 소현세자의 이런 개방된 현실 인식은 인조와 반정 정권의 불만을 샀다. 세자 부부가 입국하기 전부터 인조는 소현세자를 의심하여 수시로 심양관에 내관을 보내 이들을 탐지하고 그 결과를 비밀리에 보고받았다. 조선과 청나라는 심양관을 통해 양국 사이의 현안을 처리하려 했는데, 이런 점에서 심양관은 청 주재 조선 대사관이었고 소현세자는 조선 대사인 셈이었다.

인조는 조선의 처지를 위해서 청나라 유력자들과 좋은 관계를 유지하던 소현세자를 의심했다. 고려 왕족들이 원나라의 힘으로 국왕 자리를 차지했던 것처럼, 혹시 소현세자가 자신을 폐하고 즉위하려 하지 않을까 생각했던 것이다. 김자점(金自點) 일파 역시 소현세자가 척화론자인 김상헌과 입국하는 바람에 자신들이 정국의 주도권을 잃지 않을까 염려하였다.

공서파가 소현세자를 독살하는 데 인조가 직접 관여했는가에 대해서는 확실한 증거가 없다. 그렇지만 인조가 청나라에서 돌아온 소현세자를 매우 못마땅하게 여겼으며, 그의 얼굴을 벼루로 내려치면서 학대했던 점 등을 감안하면 소현세자의 독살에 최소한 인조의 암묵적 동의가 있었음을 짐작할 수 있다. 사실 광해군의 패륜 사실을 빌미로 하여 유교적 대의를 들고 나온 반정 정권이 종법 제도(宗法制度)를 어기면서까지 봉림대군(효종)의 왕위 계승에 편법을 부렸다는 것은 국왕 인조의 승인이 없이는 불가능한 일이었다.

《인조실록》에 기록된 소현세자에 대한 인물평을 보면, 일국의 왕세자를 이와 같이 폄하할 수 있을까라는 의구심이 들 정도로 소현세자를 매우 용렬한 인물로 묘사하고 있다. 이와 같은 사실은 인조대는 물론이려니와 《인조실록》이 편찬된 효종대에 이르기까지 당시 정치권에 효종의 왕위 계승을 정당화하기 위해서 소현세자의 죽음을 당연시하는 사회적 명분론이 형성되어 있었음을 보여 준다. 서인 정권의 입장에서 효종을 왕으로 선택할 수밖에 없었던 이유는 다음과 같다.

(소현)세자가 심양에 있은 지 이미 오래되어서는 모든 행동을 일체 청나라 사람이 하는 대로만 따라서 하고 전렵(田獵)하는 군마(軍馬) 사이에 출입하다 보니, 가깝게 지내는 자는 모두가 무부(武夫)와 노

비들이었다. 학문을 강론하는 일은 전혀 폐지하고 오직 화리(貨利)만을 일삼았으며, 또 토목 공사와 구마(狗馬)나 애완(愛玩)하는 것을 일삼았기 때문에 적국으로부터 비난을 받고 크게 인망을 잃었다.

- 《인조실록》 인조 23년 4월 26일

한편, "세자가 10년 동안 타국에 있으면서 온갖 고생을 두루 맛보고 본국에 돌아온 지 겨우 수개월 만에 병이 들었는데, 의관들 또한 함부로 침을 놓고 약을 쓰다가 끝내 죽기에 이르렀으므로 온 나라 사람들이 슬프게 여겼다(인조 23년 4월 26일)."라는 기사를 보면, 소현세자가 꿈에도 그리던 고국에 돌아온 직후부터 주변 인물들에게 얼마나 심한 냉대를 받았는가를 확인할 수 있다.

새까만 시체

위의 기사를 보면, 의관들조차 소현세자의 병 치료를 가볍게 생각했다는 느낌을 받게 된다. 그와 같이 진중하지 못한 처방으로 인해 결국 소현세자가 세상을 떠난 것이다. 그리고 '온 나라 사람들이 슬프게 여겼다.'는 대목은 소현세자가 그렇게 궁궐 안에서 푸대접을 받고 있다는 사실을 온 나라 백성이 인지하고 있었음을 뜻한다. 왕가에서는 도저히 있을 수 없는 일이요, 왕의 묵인이 없으면 도저히 상상도 할 수 없는 일이 벌어진 것이다.

소현세자의 주검은 참혹하기 그지없었다. 《인조실록》에 보이는 다음의 기사는 소현세자의 독살설을 뒷받침해 주고 있다.

시체는 온몸이 새까맣고 뱃속에서는 피가 쏟아졌다. 검은 천으로 얼굴의 반을 덮어서 옆에서 모시던 사람도 알아보지 못했다. 낯빛은 중독된 사람과 같았는데 외부의 사람은 아무도 아는 이가 없었다.

이미 조선 사회는 전기부터 종법 제도의 확립에 따라 왕위 계승은 적장자가 되는 것이 상식이었다. 따라서 인조의 적장자인 소현세자가 왕세자가 되고, 그의 10살 난 장자 석철(石鐵)이 이미 원손으로 칭해지고 있었으므로 소현세자가 죽은 후엔 당연히 원손이 왕세자로 책봉되어 왕위에 올라야 했다. 그러나 철칙처럼 여겨지던 종법 제도는 인조와 김류(金瑬)가 소현세자 일가의 제거를 주도하고 김자점이 배후조종함으로써 제대로 지켜지지 않았다. 이들은 원손이 무능하다며 형망제급(兄亡弟及)의 변칙에 따라 인조의 둘째아들인 봉림대군을 세자로 책정한 것이다.

김자점. 효명옹주(孝明翁主)를 중심으로 개간지를 불법 절수하여 부를 축적하던 김자점은 김질(金礩)의 5대손이었다. 김질은 사육신(死六臣)과 함께 단종 복위를 꾀하다가 결국 이들을 배신하고 밀고하여 공신이 된 자였다. 김자점은 자신의 정치적 입지를 지키기 위해 인조와 짜고 소현세자를 독살했으며, 북벌을 주장한 효종대에는 친청파가 되어 효종의 북벌 계획을 방해함으로써 당시 정국 전개에 많은 해악을 끼쳤다.

소현세자를 독살한 김자점 일파는 다시 소현세자의 부인인 강빈의 형제들을 아무 죄도 없이 절도로 귀양 보내고, 드디어는 강빈에게 인조의 수라상에 독을 타고 저주를 했다는 누명을 씌워 강빈옥사를 조작했다. 강빈은 사사당하고 소현세자의 세 아들 석철, 석린(石麟), 석

견(石堅)은 연좌되어 제주도에 유배되었다. 그 뒤 첫째와 둘째가 제주도에서 죽는 참변이 일어났고, 이들이 죽은 지 두 달 만에 봉림대군의 정통성을 확립하기 위해 급히 그를 왕세손으로 책봉하는 변칙이 자행되었다.

소현세자의 죽음으로 인해 당시 식자들 중에는 인조 정권에 대해 반감을 표시한 사람들이 많았다. 예를 들면 1648년 강빈의 신원을 청하였다가 청풍 군수로 좌천된 강백년이 있다. 그는 사후에 영의정에 추증되고 또한 청백리에 선정될 정도로 인품이 뛰어났다. 일찍이 시문으로 이름을 드날렸고, 만년에는 크게 높은 지위에 임용되어 여러 번 문형(文衡 : 대제학)에 추천되었으며, 벼슬이 예조판서에 이르렀다.

임영대군의 후손으로 사헌부 장령과 집의 등을 지낸 이만영도 효종 5년(1654) 소현세자의 아들을 비호하다가 명천에 유배된 인물이다. 인조의 치세가 끝나고 인조의 후원을 입어 왕이 된 효종 치세에서 그것도 왕족의 인물이 소현세자를 동정한 것은 인조 반정의 도덕적 명분 자체가 하나의 구실에 지나지 않았음을 의미한다.

16장_ 서인 정권의 위선

강홍립의 처단

정권을 잡은 서인 세력은 인조 반정에 공을 세운 김류, 이귀(李貴), 김자점, 신경진 등을 중심으로 하는 공서〔功西 : 훈서(勳西)〕 세력과 반정에 관여치 않은 김상헌 등의 청서(淸西) 세력으로 양분되었다. 그리고 인조 반정 뒤의 논공행상에서 불만을 품은 자도 생겨났다. 인조 2년(1624)에 반란을 일으킨 이괄(李适)이 그러한 자였다. 이괄의 난으로 국왕인 인조는 한때 도성을 버리고 공주에까지 피난을 하는 수모를 겪어야 했다. 인조는 이천에서 죽은 이괄의 머리가 공주의 행재소에 도착한 것을 확인하고서야 환도할 수 있었다.

새로 집권한 서인들은 광해군의 실리 외교 정책을 폐기하고 철저한 '존명배청(尊明背淸)' 노선을 취했다. 그것은 인조 반정이 국가의 입장에서나 일반 백성의 입장에서나 전란 극복에 힘써야 할 상황에서 발생한 시대착오적인 쿠데타였기 때문이다. 반정 체제는 쿠데타의 정당성을 입증하기 위해 숭명반청 정책으로 급격히 선회할 수밖에 없었고, 이는 정묘호란과 병자호란을 불러일으켰다.

북방의 정세는 광해군이 판단했던 바와 같이 한층 후금에게 유리하게 전개되고 있었다. 그러나 서인들은 후금의 사신을 죽이려 하는가 하면, 후금에 쫓겨 도망온 명나라 장수 모문룡(毛文龍)에게 근거지와 쌀 60만 석을 제공하여 후금의 분노를 샀다.

그리하여 이괄의 난이 겨우 평정되자마자 인조 5년(1627) 1월 14일에는 후금의 태종이 이끄는 3만의 군사가 조선을 침공함으로써 정묘호란이 발발하였다. 이는 실로 존주대의(尊周大義)를 정권 유지의 명분으로 이용해 온 사림과 정권이 자초한 것이었다.

양수투항도(兩帥投降圖) 도원수 강홍립과 부원수 김경서가 후금 누루하치에게 투항하는 장면. 1771년에 중간된 《충렬록》에 실려 있으며, 그림은 화가 김후신(金厚臣)이 그렸다.

"광해군의 원수를 갚는다."는 명분을 앞세운 3만의 후금 군사는 11일 만에 황주까지 이르렀고, 인조와 조정 대신들은 부랴부랴 강화도로 피난했다. 궁지에 몰린 조정은 강화를 제의했고, 전쟁이 장기화되는 것을 원치 않은 후금이 교섭에 응함으로써 양국 간에는 강화조약이 체결되었다.

이때 막후에서 외교 수완을 발휘한 인물이 강홍립이다. 그는 일찍이 광해군의 밀지를 받고 명나라와 후금과의 싸움에 출전하여 후금에 거짓 투항함으로써 광해군의 중립 외교를 성사시켰다. 강홍립은 "형세를 보아 결정하라."는 광해군의 밀명에 따라 후금군에 투항한 이후 김경서와 함께 후금에 계속 억류되어 있었다.

정묘호란이 일어나자 그는 후금군의 선도로서 입국해 강화화의를 주선하였다. 그렇지만 강홍립의 힘으로 겨우 전쟁의 위기를 면한 인조 정권은 국내에 머물러 있던 강홍립을 그냥 내버려 두지 않았다. 포상은커녕 오히려 역신으로 몰아 관직을 삭탈한 것이다. 강홍립은 이를 비관하고 자살하였다. 그러나《인조실록》에서는 그가 병사하였다고 기록하고 있다(인조 5년 7월 27일).

사실 인조는 강홍립이 죽자 그의 곤란했던 입장에 대해서 동정의 태도를 표명했었다. 강홍립은 후금의 앞잡이며 조선의 원수라는 신하들의 주장에 대해서 인조는 "적을 이끌었다는 설은 강홍립의 본의가 아닌 것 같다."고 해명하고, 그의 관작을 회복시킴과 동시에 해당 관청으로하여금 장례 물품을 지급해 주도록 지시하였다.

그렇지만 당시의 신료들은 인조의 이러한 뜻을 좌시하지 않았다. 인조의 강홍립 복권에 대한 지시가 떨어지자마자, 영중추부사 이원익(李元翼), 해창군 윤방(尹昉), 좌의정 오윤겸(吳允謙) 등은 일제히

"강홍립에게 은전을 베푸는 것은 국가에 권장하고 징계하는 뜻이 없고, 대중의 심정을 크게 거스를 듯 싶습니다."라고 반대 입장을 표명하였다. 인조는 그들의 주장을 따를 수밖에 없었다. 인조에게는 서인 신료들의 압력을 막아 낼 수 있는 힘이 없었던 것이다.

이원익의 당색은 비록 남인이었지만, 강명하고 정직한 성품으로 선조 - 광해군 - 인조 3대에 걸쳐 재상을 역임한 인물이었다. 특히 인조대에 들어와서 이괄의 난 때 체찰사로서 공주까지 인조를 호가(扈駕)하였고, 정묘호란 때에는 총독군문으로서 세자를 전주까지 배행하였을 만큼 왕실의 신임을 얻음으로써 반정 후 서인 정권하에서도 끝까지 권세를 유지할 수 있었다.

실제 강홍립의 중립 외교 노선은 광해군의 강력한 의지의 소산이었다. 그리고 인조 또한 강홍립의 등거리 정책의 실효를 인정하였을 정도로, 전란 후의 안정적인 대외 관계는 민생을 위한 최소한의 정책이었음에 틀림없었다. 그렇지만 반정 후의 정권 유지만을 노리던 대신들의 요청에 의해서 인조는 강홍립을 죄인으로 다스린 것이다.

허울 좋은 명분과 임경업의 처형

서인 정권의 기만성으로 인해 희생당한 사람은 강홍립뿐만이 아니었다. 임경업(林慶業)은 강홍립보다 20년쯤 뒤인 인조 18년(1640) 청의 요청으로 북쪽으로 출정했다가, 강홍립과는 반대로 명나라로 도망을 갔다. 임경업은 당시의 존명배청론에 세뇌되어 명나라와의 의리를 지켜 오랑캐와 끝까지 싸워 보겠다는 심산으로 그렇게 했던 것

강홍립 묘 1990년대 난곡에 있는 그의 무덤을 발굴했을 때 시신은 6척 장신이었으며 거의 부패하지 않았다고 전해진다.

이다. 그렇지만 남경이 함락되자 청나라에 잡히는 몸이 되었고, 만주로 끌려가서 여러 가지로 곤욕을 치렀다.

존명배청의 의리를 지키기 위해 갖은 고초를 겪은 끝에 인조 24년에 조선으로 돌아온 임경업에게 사림파 정권이 선사한 것은 모반 사건과 관련이 있다는 무고와 고문, 그리고 고문 끝의 죽음뿐이었다. 사림파 정권이 내세운 존명배청의 이념은 사실상 정권의 지배 유지를 위한 구실에 지나지 않았던 것이다. 반정 체제는 소중화사상을 지배 이념으로 삼아 다른 모든 사상을 억눌렀고, 변화와 개방에 대한 모든 요구를 억압하면서 더욱 보수·반동적인 성격으로 나아갔다.

인조대에는 반정 공신들이 지대한 권한을 가지고 정치를 주도하였다. 그러나 공신들은 반정에서의 공적을 구실로 권력을 잡았고 특권을 누리고 있었다는 점에서 반정에 직접 참여하지 않은 사류들과 정치 권력을 둘러싼 대립 관계에 놓이게 되었다.

호란을 당하자 반정 공신측에서 주화론을, 비공신 사류측에서 척화론을 주장한 것도 사실은 정권의 안정을 바라는 반정 공신측과 정권 장악을 위한 명분이 필요했던 비공신 사류측의 정치적 이해관계가 낳은 충돌이었다.

인조대 정치권력을 둘러싼 공신 세력과 비공신 사류의 대립은 정치의 큰 축을 형성하여 외견상 그러한 양상이 붕당정치의 면모를 능가할 정도였다. 이와 같은 점은 광해군에게 폐모살제의 명분을 씌워 쿠데타를 단행했던 인조 정권의 원래 목표가 오로지 정권의 찬탈에 있었다는 점을 보여 주는 것이다.

호란의 과정에서 청나라에 끝까지 저항한 청서파(淸西派)는 이시백 형제와 김상헌이 주도했고, 주화론(主和論)을 내세운 공서파(功西派)는 김류, 이귀, 김자점, 신경진 등이 중심이었다. 청서파는 반정에 관여치 않았으나, 공서파는 인조 반정에 공을 세웠으므로 일명 훈서(勳西)로도 불리우며 정국의 주도권을 장악하였다.

환향녀

정묘호란에서 형제의 맹약을 맺은 후금은 인조 14년(1636) 4월에 국호를 청(淸)으로 고치고 태종을 황제라 칭한 다음 조선에 군신의 관계를 강요하여 왔다. 조선이 이를 거부하자 같은 해 12월 1일에 청 태종이 친히 십만 대군을 이끌고 조선을 침공하였는데 이것이 병자 호란이다.

인조는 남한산성으로 들어가 항전하였으나 불가항력이었다. 한편 전세가 파국으로 치닫자 조정에서는 예조판서 김상헌 등의 항전론과 이조판서 최명길 등의 강화론이 맞서 격론을 벌이다가 마침내 강화 항복으로 결말을 내고 말았다.

1637년 1월, 조선 정부는 청에게 화의를 청했다. 그러면서도 명나라에 대한 의리를 들먹이며 명분을 세워 달라고 간청했다(인조 15년 1월 11일). 그러나 이에 앞선 인조 15년 1월 2일, 청 태종은 이미 청국의 조선 침략이 조선의 편향적인 대명 의리 때문이라는 점을 다음과 같이 밝힌 바 있다.

짐(청 태종)은 그대 나라와 그동안 털끝만큼도 원한 관계를 맺은 적이 없었다. 그런데 그대 나라가 기미년(1619, 광해군 11년에 명의 요청으로 1만 3천의 군사를 파견했을 때를 말함)에 명나라와 서로 협력해서 군사를 일으켜 우리나라를 해쳤다. 짐은 그래도 이웃 나라와 지내는 도리를 온전히 하려고 경솔하게 전쟁을 일으키지 않았다. 그러다가 요동을 얻고 난 뒤로 그대 나라가 다시 명나라를 도와 우리의 도망병들을 불러들여 명나라에 바치는가 하면 다시 저 사람들을 그대의 지역에 수용하여 양식을 주며 우리를 치려고 협력하여 모의하였다. 그래서 짐이 한 번 크게 노여워하였으니, 정묘년(인조 5, 1627)에 의로운 군사를 일으킨 것은 바로 이 때문이다. 이때 그대 나라는 병력이 강하거나 장수가 용맹스러워 우리 군사를 물리칠 수 있는 형편이 못 되었다. … 그런데 그 뒤 10년 동안 그대 나라 군신은 우리를 배반하고 도망한 이들을 받아들여 명나라에 바치고, 명나라 장수가 투항해 오면 군사를 일으켜 길을 막고 끊었으며, 우리의 구원병이 저들에게 갈 때에도 그대 나라의 군사가 대적하였으니, 이는 군사를 동원하게 된 단서가 또 그대 나라에서 일어난 것이다. … 짐이 이 때문에 특별히 의병을 일으켰는데, 그대들이 도탄에 빠지는 것은 실로 내가 원하는 바가 아니었다. 단지 그대 나라의 군신이 스스로 너희 무리에게 재앙을 만나게 했을 뿐이다.

1월 30일, 마침내 인조는 세자와 신하 50명을 이끌고 송파 삼전나루로 나가 항복했다. 청 황제가 단상에서 내려다보는 가운데 인조는 '삼배구고두(三拜九叩頭)'의 예를 행하였다. 세 번 절하는 동안 아홉 번 이마를 땅에 찧는 치욕스런 항복의 의식이었다. 그리고 소현세자와 봉림대군 내외, 척화파와 주동자들, 대신의 딸들을 인질로 보낼 것과 세폐(歲幣)를 바칠 것, 명나라 정벌 때 적극 지원할 것 등을 항복 문서에 써 넣었다. '형제의 나라'에서 '신하의 나라'가 된 것이다.

이때 수많은 사람들이 청나라로 끌려갔다. 나중에 몸값을 바치고 풀려난 숫자만 해도 63만 명이었다. 이 중에는 아녀자의 몸으로 청나라에 끌려갔다가 구사일생으로 돌아온 환향녀(還鄕女)들도 적지 않았다. 그렇지만 이들은 고국에 돌아온 뒤 정상적인 삶을 살아갈 수 없었다.

사족 지배 체제에서 강요된 도덕 윤리는 본질적으로 가부장제를 떠받치기 위한 사회적 기제로서 기능하였기 때문에 정조를 잃은 여성들에게는 더욱 가혹한 잣대로 작용하였다. 그러므로 환향녀들은 오랑캐에게 몸을 버렸다는 이유 하나만으로 질시의 대상이 되어 한 평생을 구차스럽게 연명하거나, 아니면 스스로 목숨을 끊는 일이 비일비재하였다. 우리말에 서방질을 하는 여자를 욕하여 부르는 '화냥년'이라는 말은 바로 이 환향녀에서 파생된 것이다. 환향녀의 출현은 사림파 정치로 인한 국세의 미약함이 그 근본적 원인이었으나, 실제 피해는 애꿎은 부녀자들이 감당해야 했다.

전쟁이 끝난 인조 22년(1644) 3월에는 원임대신 심기원(沈器遠)이 주동이 된 모반 사건이 있었고, 24년(1646) 3월에는 호서의 유탁(柳濯), 권대용(權大用) 등의 모반 사건이 있었다. 이 두 사건은 모두 확대 직전에 처리되었으나 당시의 불안한 정치 사정을 반영한 것이었다.

백성을 그물질 하는 시대

한편 인조 말년에는 집권당인 서인이 다시 분열하여 공서는 김자점을 영수로 하는 낙당(洛黨)과 원두표(元斗杓)를 영수로 하는 원당(原黨)으로 나뉘고, 청서는 김집(金集), 송시열(宋時烈), 송준길(宋浚吉) 등의 산당(山黨 : 연산(連山)·회덕(懷德) 등의 산림에 있다는 뜻)과 김육(金堉), 신호(申昊) 등의 한당(漢黨 : 한수(漢水)가에 산다는 뜻)으로 나뉘었다. 이때 중앙에서는 낙당의 김자점이 영의정이 되어 외척(김자점의 손 김세룡이 인조의 딸 효명옹주와 결혼)으로서 세력을 떨쳤고, 산림에서는 연산의 학자 김집이 그의 부친 김장생(金長生)의 학통을 이어 예학의 태두로서 행세하였다. 김장생·김집 부자의 문인인 송시열과 송준길 등은 효종 이후에 정계에서 크게 활동하였다.

인조대는 앞서 살펴본 바와 같이 민생을 도탄에 빠뜨린 채 어수선하였다. 그럼에도 불구하고 서인 세력들은 쿠데타를 통해서 국정을 장악한 이후부터 일관되게 민생의 안정보다는 오직 임금의 마음 수양만을 강조하였다.

인조 1년(1623) 5월 10일 산림의 대부 김장생이 별서를 올려《심경》과《근사록》의 진강을 본격적으로 제안한 것이 그 시작이었다. 그가 내세운 이유는 임금이 먼저 마음을 바르게 하면 조정이 바르게 되고 조정이 바르게 되면 선비들의 습속이 바로잡힐 것이라는 전형적인 천인합일의 논리였다. 그렇지만 사림파의 주장이 실제로는 천인합일설을 통해서 임금의 정심을 요구하고 궁극적으로 국왕을 길들이려는 의도였다는 것은 불문가지의 일이다.

김장생의 충고가 있자마자 인조 반정으로 정권을 잡은 서인 세력들은 공신 이귀 등을 중심으로 하여 주강 과목을《논어》에서《근사록》,《심경》,《성리대전》 등으로 바꿀 것을 요청하였다. 이때 그들은 좋은 정치는 일관된 노력이 필요한데, 이것은 심학을 근본으로 삼을 때 이룰 수 있는 일임을 강조함으로써 군주의 공부가 심학화의 방향으로 나아가야만 한다는 방향성을 분명하게 제시하였다 (인조 1년 7월 24일).

인조 2년(1624) 9월 9일에는 비록 보류

김장생(1548~1631) 처음에 송익필에게 예학을 배웠고 뒤에 이이에게 성리학을 배워 예학과 성리학의 거두가 되었다. 김장생의 예학은 다시 송시열에게 전해져 기호학파의 중심 인물로 추앙받고 있다.

김장생이 쓴 현판

처분을 받았지만, 특진관 이수광이 《심경》과 《근사록》을 과거 과목에
까지 넣을 것을 주장하였다. 그리고 인조 3년(1625) 9월 15일에는 이
수광이 다시 《심경》과 《근사록》의 강설을 청하였다. 이렇게 《심경》
강설 문제를 놓고 실랑이를 벌이다가 두 차례의 병화에 속수무책으
로 당한 것이다.

　그런데 정묘호란(1627)과 병자호란(1636)을 겪고 난 뒤 옥당에서
올린 다섯 가지 임금의 처신에 대한 상차(1639년 5월 15일)는 다음과
같은 어처구니없는 내용을 담고 있다. 바로 《소학》, 《심경》, 《근사록》
을 가르쳐 사회의 부박한 풍조를 제거하고 의리와 예양을 길러야만
국맥이 뻗어날 것이라는 주장이다.

　두 차례의 전쟁으로 민생이 피폐됨에 따라 사회적으로 부박한 풍
조가 만연했을 것이라는 점은 어렵지 않게 이해할 수 있다. 그러나
그것을 교정하는 방법이 민생의 안정을 위한 실질적인 대책이 아닌
의리와 예절의 강조였다는 점은 사림파의 현실 인식이 얼마나 안이

하고 무책임한 것이었나를 극명하게 드러내 준다.

국세의 유지와 확장을 군주 마음의 수양 문제로 귀결시키는 태도는 송시열과 효종과의 북벌 논의에서도 드러나는 바와 같이 사림파 성리학자들이 갖고 있는 기본적인 방침이자 한계였다. 수차례의 전란과 반란의 혼란 속에서도 인조 22년(1644) 2월 23일 전 승지 최유연이 상소하여, "《심경》과 《근사록》은 태평성대의 교과서"라고 또다시 주장한 것은 무엇보다도 먼저 사람의 마음만 제대로 수양하면 모든 사회 혼란을 극복할 수 있을 것이라는 사림파 성리학자들의 강한 믿음이 다시 한 번 제기된 것이라 할 수 있다.

정부가 민생을 안정시킬 수 있는 조치는 하나도 취하지 않고 그로 인해 음식을 훔친 주린 백성에게 왜 도덕심을 닦지 않아 도둑질하는 지경에까지 이르렀느냐고 호통치는 것과 매한가지의 상황이 연출되는 시대였다. 비유하자면, 온 나라에 법망(法網)을 펼쳐 놓고 거기에 걸려드는 백성들을 그물질 하는 시대가 전개된 것이다.

이후에도 《심경》에 대한 의론은 꾸준히 제기되었다. 대표적인 예로서 부제학 채우후 등은 인조 25년(1647) 12월 17일, 경연을 자주 열고 간언을 수용할 것 등에 관한 차자를 올려 임금이 마음을 다스리는 방법으로서 《심경》에 뜻을 둘 것을 청하기도 하였다. 그렇지만 인조는 그 후 약 1년 반 남짓의 기간을 더 살다가 승하함으로써 《심경》의 경연 과목 채택은 무산되고 말았다.

인조대에는 그 어느 때보다도 사림파 성리학자들의 요구대로 《심경》이 경연 과목으로 정식 수용될 수 있는 가능성이 컸다. 그렇지만 반정을 통해서 등장한 인조대 정국은 그러한 논의를 진지하게 고려할 수 없을 만큼 혼란한 상황의 연속이었다.

제4부

왕권과 신권의 대결

17장_ 효종과 산림의 정치적 공조

산당 세력의 성장

우여곡절 끝에, 홍문관의 강관이 정식으로 야대(夜對)에서 《심경》
을 강한 것은 효종 1년 10월 10일의 일이었다. 중종대부터 사림파들
이 꾸준히 주장해 온 요구가 드디어 수용된 것이다.

효종은 개혁을 두려워하던 인조와 그에 결탁한 김자점 일파의 힘
에 의거하여 종법 제도를 무너뜨리면서까지 변칙적으로 왕위에 오른
인물이었다. 따라서 그는 비록 왕이었으되 정국을 장악하고 있던 사
림파들에게 약점이 있을 수밖에 없었다. 그런 점에서 《심경》은 효종
대에 들어와 쉽사리 경연 과목으로 자리를 확보할 수 있었다.

효종대에는 옥당의 강관들을 야대하여 《심경》을 강하고 이들에게
술을 하사하는 일이 빈번해졌다. 그리고 마침내 효종 8년(1657) 10월
20일, 효종이 옥당에 명하여 주강(晝講)에도 《심경》을 진강하도록 함
으로써 《심경》을 정식 경연 과목으로 인준하였다.

경연에서 《심경》을 정식 과목으로 공인하고 그 강론을 본격화한

것은 한당 세력과의 불화로 낙향하였던 산당 세력의 재등장과 때를 같이 한다. 그리고 이때《심경》의 강론을 도맡은 이는 물론 송준길과 송시열이었다. 효종은 불안한 자신의 지위를 산당 세력을 이용하여 만회해 보려 했고, 그들을 포섭하기 위해 그들의 요구 조건이었던 《심경》을 정식 경연 과목으로 인준하는 모종의 거래를 성사시킨 것이다.

효종은 산당 세력에게 절대적인 신임을 보였는데, 옥당의 강관을 소대하여《심경》을 강론하는 자리에서, 혹 양 송씨가 불참한 경우에는 "송시열과 송준길이 모두 참석하지 않았으니 개강했다고는 하나 하지 않은 것과 같다."는 말을 스스럼없이 할 정도였다.

효종대에는 옥당의 강관을 소대하여《심경》을 강론하는 일이 빈번하였을 뿐만 아니라, 이 자리를 통해서 국정의 현안들이 논의되기도 하였다. 효종은 사림파들의 요구를 일정하게 수용하면서 산당 세력을 자신의 후원 세력으로 삼으려고 하였다.

송준길과 특히 송시열에게 보여 준 효종의 신임이 절대적이었던 점을 감안하면,《심경》을 통해서 국왕을 훈도함으로써 사대부가 실질적으로 국가의 주인이 되는 성리학적 이상 사회를 구현하고자 했던 사림파들의 꿈은 곧 실현되는 듯 보였다. 효종과 산당 세력을 대표하는 송시열이 동상이몽으로 꾼 북벌론(北伐論)은 이러한 구도하에서 표면에 등장한 것이다.

국왕인 효종과 송시열은 북벌이라는 대의를 두고 의기투합하는 동반자로서의 모습을 보이기도 하였다. 그러나 이 둘 사이에서 오고간 대화를 살펴보면, 국왕 효종이 꿈꿨던 북벌의 이상과, 송시열이 추구하고자 했던 성리학적 세계관은 오히려 갈등 관계에 있었음을 확인

《송자대전》 목판본 《송자대전》은 송시열 사후 28년인 1717년(숙종 43)에 왕명에 의해 간행되었다. 이후 수제자 권상하가 모아 놓은 황강본(黃江本)을 합쳐 1847년(헌종 13)에 신본(新本)을 간행했다. 《송자대전》의 판본은 현재 대전시 동구 가양동의 우암사적공원 내 장판각에 보관되어 있다.

할 수 있다.

우선 주목할 만한 것은 《송자대전(宋子大全)》에 기록된 송시열의 〈연보〉 중에서 효종대의 시기를 살펴볼 때 '북벌(北伐)'에 대한 기록이 거의 눈에 띄지 않는다는 점이다. 이것은 송시열이 항상 존명(尊明)의 명분론을 입에 달고 다녔음에도 불구하고 효종 사후 효종의 유훈이 된 청나라 정벌의 준비를 행한 형적이 전혀 없었다는 점과도 일맥상통한다.

송시열은 명의 연호를 사용하고, 집안의 부녀자에게 명나라의 복장을 입게 하는 등 일체의 풍속을 중국식[華制]으로 변화시키는 것을 이상으로 하였다. 그럼에도 불구하고 이러한 그의 모든 행동과 주장은 실제에 있어서는 명조의 회복을 실천하기 위한 것이라기보다는 사회의 지배 유지를 위한 이데올로기적 필요에 의한 것이었다고 보는 견해가 더 설득력을 얻고 있다.

송시열의 〈연보〉에서 특징적인 것은 그가 《심경》을 강론했다는 기사가 빈출하고 있다는 점이다. 그리고 송시열이 특히 임금의 마음 수양에 관해서 많은 언급을 했다는 점이다. 이를 통해서도 우리는 유학의 심학화 경향이 효종대 송시열의 《심경》 강조를 통해서 본궤도에 진입하였음을 알 수 있다. 이와 더불어 송시열이 말한 북벌론의 실체가 무엇이었는지도 자연스럽게 알 수 있게 된다.

효종이 즉위 직후부터 아무런 마찰없이 《심경》을 강론한 것은 인조 반정 이후 사회적으로 서인 세력이 정국을 주도하게 되었기 때문이다. 게다가 효종이 잠저시에 송시열을 사부로 모셨다는 점도 실제의 영향 관계를 떠나서 효종과 송시열이 정치적으로 결탁할 수 있는 좋은 명분이 되었다. 이 점은 효종이 중요한 순간마다 언급할 정도로 그 영향이 적지 않았다.

그렇지만 또 하나 간과할 수 없는 사실은 효종이 인조 반정의 공신인 김자점 세력으로부터 자유로워지기를 원했던 것과, 효종에게 일단의 유신을 기대했던 이른바 청서파 산림 세력들의 이해 관계가 서로 맞아떨어졌다는 점이다.

효종의 즉위 다음날 바로 대신들이 산림의 등용을 계청하였는데, 이를 통해서 척화파의 상징적 인물인 김상헌을 위시하여 김집, 송준길, 송시열, 권시(權諰), 이유태(李惟泰) 등이 등장함으로써 조정의 분위기가 쇄신되었다. 이들 산림은 대부분 인조 때부터 부름을 받았으나 거의 응하지 않다가 효종의 부름에는 적극적으로 조정에 진출하는 모습을 보인다. 그것은 국정을 농단하는 김자점 일파가 득세하는 인조대 정국하에서는 자신들의 권력 장악이 힘들 것이라는 정치적 계산이 작용한 것이다.

변화된 정국 속에서 효종 즉위년(1649) 6월에는 헌부와 양사(兩司)에서 김자점의 방자함을 집중 탄핵함으로써 효종 원년(1650) 2월에 그를 부처(付處)하였고, 3월에는 광양에 유배시킴으로써 반정 뒤에 누리던 김자점의 권력을 박탈하였다. 이 일을 추진한 것은 말할 것도 없이 새롭게 등장한 산당 세력이었다.

이 과정에서 송시열의 역할은 매우 주도적이었다. 가뜩이나 잠저시의 사부였다는 점 때문에 송시열에 대해서 경외심과 기대감을 갖고 있던 효종에게 송시열은 효종 즉위년 10월 계묘일에 상소하여 사정시비지변(邪正是非之辨)을 논하였다. 그 주내용은 국가 권력(國柄)을 훔친 김자점을 탄핵하는 것이었다. 기유일에도 김자점을 원찬하라고 청하였고, 이에 집의였던 송준길도 동조하여 송시열의 요청에

효종의 친필 한시 봉림대군 시절(1646)에 아우인 인평대군을 위해 써 준 것이다.

힘을 실어 주었다.

이듬해인 효종 원년 정월에도 국왕의 부름을 받고 조정에 돌아온 송시열이 주강 후에 거듭 김자점의 원찬을 청하였고, 드디어 2월에 김자점은 산림의 의도대로 원찬되었다.

김자점을 유배 보낸 산당 세력은 여세를 몰아 원당 세력까지도 공격했다. 그들은 원두표에게 분당의 책임을 돌리며 파직을 요청했다. 이로써 인조대에 권세를 다투던 낙당의 김자점 및 원당의 원두표 등은 왕이 바뀐 지 두 달도 채 못 되어 관직에서 물러났다.

본래 친청파였던 김자점은 영의정에서 파면된 후 반격의 기회를 노리고 있었다. 그러던 중 효종이 김상헌 등과 가까이 하면서 청나라를 칠 계획이라는 사실을 알고는 자기 사람을 시켜 이를 청나라 사람에게 고발하고 또 장릉(長陵)의 지문(誌文)을 청나라에 보냈다. 지문에 청나라의 연호를 쓰지 않았기 때문이다.

청나라에서는 이를 크게 의심하여 대군을 국경선에 배치하고, 사자를 보내어 그 진위 여부를 힐문하였다. 조정에서는 크게 놀라 김자점을 달래어 화를 면하고자 하였으나, 이후원(李厚源) 등이 한사코 그 부당성을 주장하여 마침내 효종은 김자점을 귀양 보냈다.

효종 2년(1651) 12월 진사 신호 등이 상소하여 김자점의 역모를 고하자 효종은 인정문에서 김자점의 아들 김익(金釴) 등을 심문하니, 김익은 공모한 무장들을 모두 실토하였다. 그 후 선왕 인조의 후궁 조귀인이 그의 며느리인 숭선군의 아내 신씨를 저주한 사건이 일어나자 조귀인을 사사하고, 김자점 및 그의 손자이며 조귀인의 사위인 김세룡(金世龍)을 국문, 이들을 사형에 처하고 토지를 몰수하였으며, 나머지 김자점 일파도 완전히 거세하였다.

낙당의 패망과 원당의 축출로 훈구 세력이 퇴진하자 이제 조정은 신진 세력을 대표하는 한당과 산당이 공존하는 형국이 되었다. 그렇지만, 산당 세력이 사실상의 여당으로 인식되었다. 김자점이 원찬을 당하자 김자점의 아들 김식(金鉽)이 부제학 신면(申冕) 등과 모의하여 "주상 진용신인(進用新人)이 장차 대사를 일으킬 것", 즉 청을 공격할 것이라고 청나라에 밀고하였는데, 이때의 '진용신인'은 효종이 자신의 정국 운영 계획에 따라 새롭게 발탁한 인물이라는 뜻으로 산당 세력을 지목하는 것이었다.

그렇지만 산당 세력은 효종의 뜻과는 달리 국왕의 권위를 제대로 인정하지 않았다. 효종 원년 6월 임금의 부름을 받고 입조한 송시열은 마침 효종이 병을 이유로 접견을 거부하자 그길로 조복을 벗어 버리고 도성 문을 나섰다. 송시열의 기고만장한 행동은 식자층에게도 비난의 대상이 되었지만, 김집은 오히려 송시열의 행동을 변호하고 그를 중용해야 한다고 촉구하였다.

효종은 "사계(沙溪 : 김장생) 문인들의 지나친 행동이 정국의 안정을 훼손시킨다."고 비난했지만, 당시 여론 형성에 막강한 영향력을 행사하던 김장생의 문인들을 정국 운영에서 완전히 배제할 수 없었다. 특히 산당의 출사 명분 중 하나가 강빈 신원이었기 때문에 소현세자의 아들을 대신해서 왕위를 계승한 효종으로서는 되도록 산당 세력을 자극하지 않기 위해 노력하였다. 그리고 산당 세력을 흡수하여 자신의 북벌 정책 수행의 전위대로 이용하고자 하였다.

효종의 밀찰

효종 8년(1657) 8월 16일 후에 작성된 밀찰에서 효종은 이러한 자신의 뜻을 송시열에게 피력하였다. 효종이 북벌 사업을 논의하면서, 송시열에게 그동안 자신이 반정 공신 및 대신들에 대해서 불신을 지니고 있었다는 점을 피력한 것은 효종 나름대로는 하나의 도박이었다. 그렇지만 그에게는 우선 7년 만에 다시 조정에 나온 산당 세력의 대표격인 송시열을 달래어 자신의 우군으로 삼는 일이 절박하였다. 그리고 그 매개체로 나온 것이 북벌 계획에 대한 본격적인 논의였다.

효종은 이 밀찰에서 집권당 원당을 대표하는 원두표, 우의정 심지원(沈之源), 영의정 이경여(李敬輿) 등을 실명 거론하면서 북벌 사업의 부적격자들로 지목하였다. 특히 낙당의 영수 김자점에 이르러서는 그가 칼을 들고 자신의 침소에 들어오는 악몽에 시달렸다고 할 정도로 극도의 적대감을 피력하였다.

여기에서 주목되는 것은, 효종이 송시열에게 그와 같은 당시의 상황을 고려하여 반드시 쓸 만한 인재를 확보한 연후에나 북벌 사업을 논의할 수 있을 것이라고 말한 대목이다. 이것은 당시의 여론 주도층이라고 할 수 있는 산당 세력과 은밀히 공조 관계를 공고히 한 연후에 자신의 뜻을 공식적으로 전개해 나가겠다는 효종의 신중함이 배어 있는 것이다.

효종은 이 밀찰을 주변의 이목을 우려하여 세자를 통해서 송시열에게 전달하였는데, 이것을 귀신도 모를 만전(萬全)의 계책이라고 자평하였다. 이것은 그가 얼마나 신뢰할 수 있는 정치적 후원 세력을 염원했는지를 잘 보여 준다.

그렇지만 산당 세력은 기본적으로 신권 우위의 사대부 정치를 도모했을 뿐 경세와 관련된 일에는 별로 관심을 기울이지 않았다. 대동법 실시에 대해 그들이 표명한 입장만 보아도 이를 알 수 있다.

효종 즉위와 함께 급부상하여 낙당, 원당을 축출하고 정국의 주도권을 잡기 직전에 산당 세력은 김육의 비판을 핑계로 모두 낙향했는데, 그 불화의 발단은 대동법 논의에서 비롯되었다. 효종 즉위년(1649) 11월, 김육은 호서에까지 대동법을 확대 실시하자고 주장했다. 그렇지만 산당 세력은 이를 앞장서서 반대하였다.

당시의 조선에서는 공납의 폐단으로 한 마을 사람

김육(1580~1658) 기묘명현인 대사성 김식(金湜)의 후손으로 과단성 있는 행동과 해박한 지식으로 사류들의 존중을 받았다. 정승이 되어서도 대동법 시행을 일관되게 주장했는데, 이 때문에 김집과 의견이 맞지 않아 여러 번 상소하여 김집을 공격하였다. 그의 둘째아들 김우명(金佑明)이 현종의 장인(청풍부원군)이 되었을 만큼 명문가였음에도 불구하고, 항상 민생 안정을 제일의 책무로 여겼을 만큼 애민 정신이 뛰어났다. 조선 후기 실학자의 선구로 평가된다.

화폐 대동법의 시행으로 화폐의 수요가 늘어나 상품 화폐 경제가 발달하였다.

들이 모두 도망을 갈 정도로 대동법의 시행은 매우 절실하였다. 그래서 김육은 많은 조정 대신들의 반대에도 불구하고 효종에게 "대동법의 시행은 마땅히 소민(小民)들의 바람을 따라야 하며, 부호들이 꺼린다고 백성들에게 편리한 법을 시행하지 않아서는 안 된다."고 주장하였다.

그렇지만 산당 세력은 이조판서 김집을 중심으로 하여 김육을 집중적으로 공격하였다. 김집, 송시열 등이 율곡 이이의 학통을 이었다고 하면서도 실제 내용에서는 이이가 주장한 대공수미법에 반대하고, 경장(更張)을 주장한 이이의 역사 인식을 무시했으며, 기득권 유지책만을 고집한 것이다. 이런 입장에서 보면 산림 세력이 내세운 그 도학적 명분론이 과연 누구를 위한 것이었는지가 자명해진다.

산당 세력과 기득권층의 반발에도 불구하고 김육은 끝까지 대동법의 실시를 주장하였다. 그리하여 숙종 34년(1708) 황해도를 마지막으로 평안·함경도를 제외한 전국에 대동법이 시행되게 되었다.

대동법의 시행은 조선 후기 사회에 커다란 영향을 미쳤다. 비록 쌀로 납부하는 상공(常貢) 이외에도 별공(別貢)과 진상(進上) 등이 존속하여 농민이 이중 부담을 지는 경우가 일부 발생하였지만, 대동법의 시행으로 공인층과 같은 대규모 상인이 등장하고 관수품의 대량 납부를 위해 수공업의 규모가 커졌으며, 시장권이 확대되었다. 또한 대동전의 납부로 화폐의 수요가 늘어나 상품 화폐 경제가 발달했다. 대동법을 통한 상업의 활성화로 조선의 경제가 비약적인 성장을 이룬 것이다.

산당 영수 송시열이 효종 9년(1658) 임금이 "호서 지방에 대동법을 실시하니 백성들의 반응이 어떠한가?"라고 묻자 "편리하게 여기는 자가 많으니 좋은 법입니다."라고 대답한 것은, 대동법이 과거의 공납제와는 비교할 수 없는 큰 성공을 거둔 현실에 대한 승복에 다름아니었다.

18장_ 송시열의 이상

북벌의 선결 과제

대개 기존의 연구에서는 청나라에 인질로 십여 년간을 억류당하였던 효종이 송시열, 송준길 등 산림 세력을 등용하여 획기적인 정치의 쇄신으로 북벌론을 구현코자 시도하였으며, 송시열은 이 뜻을 받들어 1649년 효종 즉위년에 장문의 〈기축봉사(己丑封事)〉를 올림으로써 북벌의 필요성을 역설하였다고 설명한다. 그리고 송시열은 이 〈기축봉사〉 이후에도 기회 있을 때마다 이를 강조하여 그 대임을 자임하였으며 효종 8년에 〈정유봉사(丁酉封事)〉와 독대, 밀찰, 밀교 등을 통하여 그의 주장을 보강하였다는 것이다. 특히 13개 항으로 되어 있는 〈기축봉사〉의 마지막 '수정사이어외모(修政事以御外侮: 원문에는 修政事以攘夷狄으로 되어 있다)' 항에서 북벌의 필요성을 역설했다고 한다.

그러나 이와 같은 분석이 얼마나 사실에 근접한 것인지에 대해서는 좀더 세심한 검토가 필요하다. 그것은 애초부터 효종과 송시열의 이상이 달랐기 때문이다. 효종은 송시열의 산림으로서의 정치적 위상을 빌려 내치와 북벌 운동에 대한 명분과 실리를 동시에 추구하고자 하였다. 이에 반해 송시열은 효종의 북벌 의지에 영합하여 존명배청을 국시로 삼아 그의 정치적 이상을 실현하고자 하였다. 이렇게 북벌론은 효종과 송시열이 품었던 동상이몽일 뿐이었다.

송시열이 몇 차례의 〈봉사〉와 독대 등을 통해서 일관되게 주달한 것은 임금의 선정을 위해서는 정심(正心)만한 것이 없다는 것이었다. 그러므로 그가 주장한 북벌은 구체적인 사업 계획이 없는, 그야말로 '존중화양이적(尊中華攘夷狄)'이라는 주자학의 보편적 명분론의 제창에 지나지 않았다.

그렇다면 그가 올린 〈봉사〉와 독대의 내용은 무엇이었을까? 〈기축봉사〉는 대개 송시열의 정치 이념과 경륜이 포괄되어 주자학적 정치철학과 이론으로 기술된 것이라고 평가된다. 그렇다면 북벌론과 가장 관련이 있는 〈기축봉사〉의 마지막 '수정사이양이적(修政事以攘夷狄)' 항의 내용은 어떤 것인가?

먼저 공자의 《춘추(春秋)》를 근거로 하여 '존중화양이적'의 당위성을 천명하고, 조선은 명나라와 군신지의를 맺고 자소지은(字小之恩)을 입은 골육지간이라는 점을 밝혀 청나라를 '임금과 부모의 큰 원수〔君父之大讎〕'라고 규정하고 있다.

그런데 송시열이 북벌을 달성하기 위해 제시한 11가지 방책을 통해서 우리는 과연 송시열이 주장한 북벌이 현실성이 있는 것이었는가라는 의문을 갖지 않을 수 없다. 그것은 첫째 군주의 일심(一心)을 근본으로 삼지 않으면 불가하다는 것, 둘째 극기정심(克己正心), 셋째 제기가(齊其家), 넷째 근충직(近忠直), 다섯째 회공도(恢公道), 여섯째 명체통(明體統), 일곱째 진기강(振紀綱), 여덟째 절재용(節財

用), 아홉째 혁사미(革奢靡), 열째 서민력(紓民力), 그리고 마지막 열한 번째로 뜻과 용기와 계략에 밝은 사람들로 하여금 세력을 확대하고 기운이 팽배할 수 있도록 하라는 것이었다.

결국 심성 수양에 근거한 내치의 완성을 이룩한 연후에나 북벌이 가능하다는 점을 주장한 것이다. 송시열은 이것이 이루어지지 않고서는 조석으로 끊임없이 청에 대한 복수를 이야기해 보아야 다만 아무 실효성이 없는 한때의 듣기 좋은 소리에 지나지 않는다고 주장하였다.

요컨대 북벌은 한갓 말에 불과하고 정심(正心)이 근본이라는 점을 말하고자 한 것이다. 송시열은 이 점을 주희가 송나라 효종에게 했던 말을 인용하여 다음과 같이 강조하였다.

> 불세의 큰 공[大功]은 세우기 쉽지만 지극히 미미[至微]한 본심을 보존하는 것은 어렵습니다. 중원의 융노(戎虜)는 쫓아내기가 쉽지만 한 몸[一己]의 사사로운 뜻[私意]은 제거하기가 힘듭니다. … 오직 폐하가 정심극기(正心克己)하는 것으로써 정사(政事)를 행한다면 진실한 공효가 가히 이를 것입니다. 이른바 너무 쉬운 것은 쉽다고도 말하지 않는다 하였으니, 진실로 회복(恢復)에 뜻을 둔 자는 검을 부딪치며 힘을 겨루는 데[撫劒抵掌之間]에 자리하지 않습니다.
>
> - 《송자대전(宋子大全)》 권 5, 〈기축봉사〉

즉 북벌과 같은 일도 마음을 바로잡는 아주 기초적인 일에서부터 출발하는 것이지 이를 무시한 군비 확보의 노력은 단지 천박한 일에 불과하다는 주장이다.

송시열은 여기에 더하여 주희의 이 말을 좌석 옆에 걸어 놓고 조석으로 살펴보라는 충고도 잊지 않았다. 또한 복수를 위한 마음을 바로 잡기〔雪恥正心〕 위해서는 연안지락(宴安之樂)과 화리지완(貨利之玩)과 편폐지사(便嬖之私)에도 흔들리지 않는 자세를 유지하는 것이 필수라는 점도 진언하였다.

우리는 여기에서 하나의 놀라운 사실과 마주친다. 송시열이 비록 정도전을 간신이라고 멸시했지만, 그가 주장한 내용이 《조선경국전》〈치전총서〉에서 밝힌 정도전의 '총재론'과 너무나 흡사하다는 점이다. 건국 직후부터 강조된 천인합일설은 조광조의 지치주의로 표출되었고, 다시 송시열 단계에 이르러서는 유학의 심학화가 북벌의 선결 과제로서 강조되고 있음을 확인하게 된다.

따라서 송시열이 효종 8년(1657)에 올린 〈정유봉사〉의 핵심적인 요지가 〈기축봉사〉와 동일했던 것은 필연적인 일이었다. 〈정유봉사〉는 총 19개 항목으로 서술되었으며, 보다 대담하게 국정에 대한 비판을 통해서 효종을 압박하고 있는 것이 특징이다. 〈정유봉사〉의 기조는 역시 임금의 '정심(正心)' 문제였다. 주희가 말한 정심지사(正心之事)는 치도(治道)를 논함에 있어서 반드시 절급(切急)한 문제이지 결코 우원(迂遠)한 일이 아니므로 국가의 운명은 국왕의 일심성정(一心誠正)과 일기성수(一己誠修)에 달려 있다는 점을 강조하였다.

북벌 대의의 진실

이와 함께 송시열은 본격적으로 재상론을 전개함으로써 사림파의 이상을 달성하고자 하였다. 재상이 중직(衆職)을 겸통(兼統)하고 천자와 더불어 가부를 상의하여 정령(政令)을 내는 것은 천하의 기강이며, 이것은 반드시 임금의 심술(心術)이 공평정대할 뿐만 아니라 편당반측지사(偏黨反側之私)가 없다는 점이 확보된 이후에나 가능한 일임을 주장하였다.

여기에서 우리는 송시열을 주축으로 하는 산당 세력이 《심경》 강설을 통해서 국왕을 훈도하고 여기에서 더 나아가 재상 정치를 실현할 수 있는 논리적 근거를 확보하고자 하였음을 확인한다. 이는 개국 초에 총재론을 전개하면서 무관의 제왕을 꿈꾸다가 이방원 세력의 손에 의해 비명횡사한 정도전의 꿈이기도 하

송시열(1607~1689) 김장생의 제자로 노론의 영수. 효종 때 정계에 진출한 이후 막강한 정치적 영향력을 행사하였다. 공자 · 맹자 · 주자에 버금가는 '송자'의 칭호를 얻었으나, 그에 대한 역사적 평가는 뚜렷이 양립한다.

였다. 곧 조선 초부터 시작되었던 왕권과 신권의 대결 양상이 다시 한 번 그 팽팽한 긴장감을 드러낸 것이라 하겠다.

그러므로 북벌 문제의 실현에 있어서도 송시열은 무비의 확충이라는 효종의 현실적인 노력에 정면으로 제동을 걸었다. 효종은 북벌에 대비하기 위하여 몸소 창덕궁 후원에서 말을 달리면서 무예를 연마하였다. 그런데 송시열은 이조차도 중단할 것을 주장하였다. 그 의례

적인 명분이야 임금의 지존한 옥체가 상할까 염려된다는 것이었지만, 본심은 그게 아니었다.

송시열은 〈정유봉사〉에서 임금이 직접 무비를 사열하고 병사들의 사기를 격려하는 것은 자신의 입장에서 봤을 때 지나친 일일 뿐만 아니라 본래 제왕이 마땅히 친히 할 일이 아니라고 주장하였다. 청나라 오랑캐가 천만 리 밖으로 후퇴하여 두려워 떨고 있는 마당에 백보지간(百步之間)에서 말 달리며 활쏘기 연습하는 것이 어디에 소용될 것인가라는 주장도 눈길을 끄는 대목이다. 또한 임금 한 사람의 동정에 종사와 생령의 기쁨과 슬픔이 매여 있는 만큼 부디 자중하여 천하무궁지계(天下無窮之計)를 삼으라는 주장도 의미심장하다.

청나라가 천만 리 밖으로 후퇴하여 두려워 떨고 있으니 군비 확보 노력이 다 부질없다는 송시열의 현실 인식도 정확한 당시의 정세를 반영하고 있지 않은 것이므로 충분히 문제가 될 수 있는 부분이다. 그렇지만 부디 자중하여 병단(兵端)을 일으키지 말라는 그의 주장에 이르러서는 과연 송시열이 애초부터 북벌에 관심이 있었는가 하는 점을 의심하지 않을 수 없게 된다. 뿐만 아니라, 이것이 효종을 압박하는 압력이 되었을 것이라는 점을 쉽게 감지할 수 있다. 그렇다면 송시열이 진정 원하던 것은 무엇이었을까?

태조황제(太祖皇帝)께서는 일찍이 말에서 떨어진 이후 사냥을 파하였고 또 술에 취해 말을 탄 잘못으로 인하여 음주를 경계하셨습니다. 천선개과(遷善改過)에 물러남이 없었으니 이는 자손제왕(子孫帝王) 만세(萬世)의 대훈(大訓)입니다. 신이 원하건대 폐하께서는 극기여행(克己厲行)하시어 한결같이 태조를 법으로 삼으시고 구국지회

(毬鞠之會)와 기사지습(騎射之習)을 파하고 물리치며 위의지절(威儀 之節)과 경전지훈(經傳之訓)을 행하고 탐구한다면 성덕휘광(盛德輝 光)이 장차 천하에 날마다 새로워질 것입니다. 그렇게 되면 전일의 허물이 어찌 일월의 밝음을 상하게 할 수 있겠습니까?

- 《송자대전》 권 5, 〈정유봉사〉

이 인용문을 통해서 알 수 있는 바와 같이 송시열은 효종의 북벌 대비 활동을 당장에 시정해야 할 과실 내지는 허물로 규정하고 있다. 그는 또한 태조 이성계의 권위를 빌려 효종의 무예 연마는 개국시조 가 경계한 바라는 점을 강조하여 효종이 몰두할 바는 왕으로서의 위 의를 갖추는 일과 경전 학습에 있다는 점을 분명히 하였다.

그러니까 애초부터 송시열은 효종대에 새롭게 정계에 진출한 산당 세력의 입지를 확보하기 위해서 북벌이라는 효종의 대의에 동조하는 듯한 태도를 취했던 것이라고 하겠다. 즉 그의 북벌 대의의 천명은 정권을 장악하기 위한 정치적 입지를 확보하는 데 목적이 있었을 뿐 이며, 실제로 송시열은 현실적인 북벌 사업에 전혀 관심이 없었다.

19장_ 북벌론의 충돌

효종과 송시열의 독대

북벌 사업을 놓고 효종과 송시열 사이에 상존했던 견해 차이는 효종 10년(1659)에 있었던 효종과 송시열의 독대 자리에서 크게 불거지게 된다. 독대의 내용은 그 자료가 전해지지 않고 오로지 후에 송시열이 자신과 사상적으로 가까운 사람에게 보여 주려고 공개한 〈악대설화〉를 통해서만 알 수 있다.

〈악대설화〉는 효종이 10년 계획의 거병을 적극적으로 제의한 것에 대해서 송시열이 추상적인 존명론(尊明論)을 가지고 대답한 것에 불과하다는 평가가 지배적이다. 더 나아가 이 〈악대설화〉에서 송시열이 주장했다고 하는 존명론 또한 송시열에 의해서 과장되었다고 보는 견해가 있다. 송시열이 효종과의 친근성과 사대주의에 대한 충실성을 과시하여 서인 산당 세력의 집권에 대한 정통성을 주장하기 위해 다분히 이를 과장하였을 뿐만 아니라, 그 당인에 의해서 의식적으로 선전되었던 것이라고 보는 것이다.

아무튼 효종의 서거를 두 달 앞둔 효종 10년 3월 11일 창덕궁 희정
당에서는 어명으로 승지와 사관, 그리고 환관들을 모두 물리친 채 효
종과 송시열과의 독대가 진행되었다. 세인들은 이것이 남송의 효종
과 장남헌의 독대에 얽힌 고사를 모방하여 송시열이 요구한 것이라
고 하였다.

　이날 효종은 그동안 북벌 문제에 대해서 미온적인 태도를 보여 온
송시열과 담판을 지으려고 하였는데, 그렇다면 송시열은 독대를 통
해서 무엇을 얻으려고 하였을까?

　효종은 우선 여러 가지 정세로 보아 지금이 북벌의 호기이며 또한
충분히 자신이 있다는 점을 강조하였다. 효종이 당시를 북벌의 호기
로 본 것은 청나라의 내정이 변하였다는 판단 때문이었다.

　효종은 전한(前汗 : 청 태종) 때에는 형제와 인재가 많고 오직 무사
(武事)를 숭상하였지만, 금한(今汗 : 청 세조)에 이르러서는 이와 정반
대로 형제도 소모되고 인재도 용악(庸惡)한 자들뿐이며 무사가 점차
폐지되는 데에 이르렀다고 인식하였다. 또한 오랑캐로서 중원을 지
배했지만 오히려 중국 제도에 물들어 점차 국세가 더욱 쇠미해질 것
이라고 전망하였다. 따라서 여러 신하들이 병사(兵事)를 다스리는 일
에서 손을 떼라는 요청을 효종 자신이 듣지 않는 것은 하늘이 주신
때가 지금과 같이 좋을 수가 없기 때문이라고 설명하였다.

　그러므로 효종은 정예의 포군 10만을 양성하여 불의에 북경의 문
턱인 산해관까지 돌진한다면 중원의 의사 호걸들의 내응에 힘입어
충분히 북벌을 완수할 수 있을 것이라고 자신하였다. 따라서 북벌을
당장 시행하지 않는 것을 걱정해야지 그 성패를 미리 걱정할 필요는
없는 것이라고 주장하였다.

그렇지만 송시열은 효종이 청에 대한 복수를 생각하는 것은 천하 만세의 행복이지만 세상에는 제갈량(諸葛亮)도 성취하지 못하는 일이 있는 만큼 금일의 북벌은 현실적으로 불가하다는 논리를 전개하였다. 제갈량도 못할 일이라는 비유는 북벌이 결코 인력으로 해결할 수 있는 일이 아니라는 뜻으로 말한 것이다. 요컨대 송시열은 처음부터 북벌에 대한 회의론적 입장을 견지하고 있었음을 공개적으로 밝

힌 것이다.

　북벌 사업 추진에 대한 송시열의 강력한 거부 의사에 대해서 효종은 쉽사리 물러서지 않았다. 효종은 자신이 일찍부터 궁마전진지사(弓馬戰陣之事)를 익혀 왔고, 또한 대군 시절에 청나라에 볼모로 끌려가서 그 형세와 산천도리(山川道里)를 숙지하였을 뿐만 아니라 그들에 대한 두려움이 없기 때문에 북벌의 계획은 결코 막연한 것이 아

창덕궁 희정당

니라는 점을 강조하였다. 그러나 현실적으로 신료들이 모두 북벌을 반대하는 것과 자신이 점차 연로해져 간다는 두 가지 사실이 근심이라는 속마음도 토로하였다.

이날의 독대에서 효종은 애원 반 협박 반이라고 할 수 있을 만큼 모든 방법을 동원하여 북벌 사업에 관한 송시열의 동의를 구하고자 노력하였다.

우선 효종과 송시열이 사제지간이었다는 점을 회상하고, 골육형제(骨肉兄弟)와 같은 관계라는 점을 강조하였다. 그리하여 송시열의 정치적 입장이 비록 고단(孤單)하다고는 하지만 둘이서 힘을 합친다면 조정 내에서도 반드시 상응하는 사람이 있을 것이라고 한 점은 인정에 호소하여 송시열을 부추긴 것이라고 볼 수 있다. 반면 효종 자신이 북벌을 앞으로의 10년 사업으로 삼은 만큼 이 기간 안에 성공하지 못하면 송시열도 고향으로 돌아가지 못할 것이라고 한 것은 반 협박에 가까운 것이었다.

이와 아울러서 효종은 송시열에게 자신이 생각하고 있는 구체적인 정치적 거래를 제안하기도 하였다. 즉 자신의 일을 도와주기만 하면 이조와 병조의 전권을 맡기겠다는 파격적인 거래를 제안한 것이다.

그렇지만 인사권과 군사권을 모두 넘기겠다는 효종의 파격적인 제안에 대해서도 송시열의 반응은 냉담하기만 하였다. 그는 효종의 정치적 거래를 거절하였을 뿐만 아니라 북벌에 대한 효종의 구체적인 사업 구상에 대해서도 오직 임금의 정심(正心)이 중요한 것이라는 추상적인 답변으로 일관하였다.

효종은 송시열이 내세운 추상적 가치에 대하여 군사력과 같은 현실적인 요건들이 더욱 중요하다는 점을 지적하였다. 이것은 송시열

《주자대전차의》 100여 권에 달하는 《주자대전》에 대한 송시열의 주석서. 활자본 121권 17책. 송시열이 평생 동안 심혈을 기울인 책으로 주자학 연구에 큰 도움을 주었다. 숙종 때에는 송시열의 제자인 김창협(金昌協)이 어명을 받아 이를 교정하였다.

로 대표되는 사림파 성리학자들의 가치 지향과 정치적 의도를 정면으로 반박한 것이다.

효종은 자신이 주야로 노심초사하는 것은 오직 양병(養兵)의 일이라는 점을 재천명하였다. 그리고 전일에 송시열이 양병과 양민(養民)은 서로 방해가 되지 않는 것이라고 하여 효종의 양병론(養兵論)에 찬동하는 태도를 보인 이유가 무엇인지를 다그쳤다.

이에 대해서 송시열은 그 말은 '주자설(朱子說)'이었다고 발뺌한 후, 아무튼 주희가 양병과 양민이 상충하지 않는 방책으로서 말한 보오지법(保伍之法)은 반드시 기강이 선 후에 가능하며 기강지도(紀綱之道)를 세우는 일은 임금의 사심이 없어야 가능한 일이라고 주장하였다.

심학을 강조하는 송시열의 시종일관된 태도에 대해서 효종은 끝내 조롱 섞인 질문을 던져 송시열의 마음을 마지막으로 확인하고자 하였다.

"경은 말마다 반드시 주자를 일컫는데 경은 몇 년이나 주서(朱書)를 읽어 이와 같이 관숙(慣熟)한가? 주자의 말을 일일이 실행하는가?"

이에 대해서 송시열은,

"어릴적부터 《주자대전(朱子大全)》과 《주자어류(朱子語類)》를 읽어 왔으며, 주희의 말은 시세와 매우 가깝기 때문에 그 말을 일일이 실행할 만합니다."

라고 대답하였다.

상호간에 한 발자국도 물러서지 않은 효종과 송시열의 독대는 이렇게 서로의 이견을 좁히지 못한 채 끝을 맺었다.

효종의 급사

송시열과의 독대가 있은 지 두 달 뒤인 1659년 5월 4일에 효종이 갑자기 사망하였다. 너무도 갑작스런 죽음이었기에 많은 의혹이 남았다. 선조대 이후부터 사림파가 이미 완전히 정국을 장악한 상황에서 효종은 도학정치와 붕당론을 부정하며 안보론에 입각한 무치주의(武治主義)를 추구하였다. 그 과정에서 효종은 서인과 남인은 물론 재야 사림의 지지를 상실하여 위기에 봉착하였다. 산당 세력의 중용은 이러한 난국을 타개하기 위한 방안이었다.

그러나 효종과 송시열의 정치적 목적은 근본적으로 달랐기 때문에 충돌할 수밖에 없었다. 이 점에서 효종의 의문스런 죽음은 전제 왕권을 견제하기 위한 신료들의 비상수단이었을 것이라는 주장*이 상당한 설득력을 지닌다.

결국 효종대 등장한 산림 세력의 주목적은 《심경》을 텍스트로 하여 국왕의 유학 공부를 심학화하고자 한 것이다. 또한 그들은 국왕일지라도 일반 유생들과 마찬가지로 성리학적 보편 가치 앞에서는 특권을 인정받지 못하는 훈도의 대상일 뿐이라는 태도를 보였다.

이와 같은 산당 세력의 인식은, 효종 사후 조대비의 상복 문제를 다룬 기해예송(己亥禮訟 : 1659. 1차 예송논쟁)에서 효종의 왕으로서의 정통성을 인정하지 않는 '천하동례설(天下同禮說)'로 표출되었다. 즉 제왕가의 특수성을 인정하여 왕이 죽으면 그 모후가 무조건 3년 복을 입어야 한다는 허목(許穆), 윤휴(尹鑴) 등 남인학자들의 분별주의적 경향을 반대하고, 효종이 왕위에 올랐더라도 천생의 차례인 차자(次子) 지위에는 변함이 없으므로 기년복(1년복)밖에는 입을 수 없다는 보편주의적 입장을 주장한 것이다.

효종과 송시열 두 사람 간의 독대를 통해서 송시열의 의도는 북벌에 있었던 것이 아니라, 심설로써 군주를 교화시켜 조선 사회를 사대부 중심의 사회로 만들려는 데 있었음이 드러났다. 이와 함께 그들이 왜 《심경》을 경연의 중심 과목으로 그토록 중시했는가도 함께 판명되었다. 송시열이 《심경》을 강하면서, "대체(大體)는 심지(心志)이고 소체(小體)는 성색(聲色)이므로, 대체를 우선하는 것이 대인이 되는 방법입니다."라고 거듭 아뢴 것도 그러한 의도를 입증하고 있다.

한편 〈효종행장〉의 기록에서도 송준길과 송시열이 《심경》의 시강(侍講)을 주도하였고, 효종이 《심경》의 진강을 통해서 마음 공부에 진보되고 유익한 점이 많게 되었다고 평가하고 있다. 이러한 사실은

---

* 이성무, 2000, 《조선시대 당쟁사》 1, 동방미디어, 264쪽.

효종 당시의 대세는 물론 서인 산림 세력들이 궁극적으로 노리고 있던 점이 군주 성학의 심학화에 있었다는 점을 잘 보여 준다.

20장_ 현실주의자 현종

인의(仁義)의 새로운 개념

현종은 즉위하자마자 효종대와는 달리 경연에서 《심경》이 아닌 《통감》을 강론하도록 하였다. 바로 송시열을 위시한 산림 세력에 대한 반감 때문이었다.

현종은 효종 때 진행된 《심경》 강독이 마음의 수양을 빌미로 하여 신하들이 왕을 좌우하려는 수단에 불과하였다는 점을 간파하고 있었다. 그것은 효종이 자신의 사부였다는 점을 고려하여 평생 송시열을 극진하게 예우했음에도 불구하고 송시열은 결국 기해예송을 통해서 효종을 배신했다고 하는 현종의 굳은 신념에서 쉽게 확인할 수 있다.

그렇기 때문에 현종은 《심경》의 강독을 일부러 중지시키고, 역사 공부를 통해서 왕권의 회복을 모색하였다. 그가 《통감》 중에서도 특히 당 태종의 기사를 애독했다는 사실이 이 점을 말해 준다.

당나라 2대 황제인 태종은 강력한 왕권을 행사하여 성당(盛唐) 문화의 기틀을 마련한 군주였다. 그렇지만 전통적으로 사림과 성리학

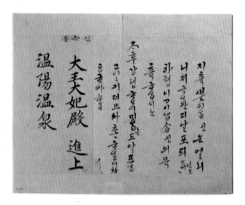

현종의 친필 편지

자들은 중앙집권화를 완성하여 부국강병을 추진했던 당 태종의 업적을 패도(覇道)라고 하여 비판하였다. 이에 반하여 현종은 현실 정치에서 관중(管仲)이나 당 태종 등의 패도가 민생에 도움을 준 것으로 보고 하나의 귀감으로 삼고자 한 것이다.

다시 말해, 현종이 당 태종의 기사에 관심을 기울인 것은 효종대 송시열 등이 기도한 심학화 경향이 왕권을 약화시킬 뿐만 아니라 민생에 별반 실리를 주지 못한다는 판단 때문이었다.

당 태종이 행한 것과 같은 현실주의적 입장이야말로 민생에 실익을 가져다 줄 것이라는 현종의 생각을 이론적으로 정립한 사람은 숙종대의 이익(李瀷)이었다. 성리학에서 공리나 패도는 전통적으로 인의(仁義)와 대비되어 부정적으로 인식되었다. 그렇지만 이익은 이(利)를 적극적으로 해석하고자 하였다.

《맹자》〈양혜왕장구(梁惠王章句)〉에서 양혜왕이 "노인(맹자)이 천리를 마다 않고 왔으니 장차 우리나라에 이로움〔利〕이 있을 것인가?"

라고 묻자, 맹자가 "어째서 꼭 이로움을 말하십니까?"라고 반문하고, "마땅히 인의(仁義)가 있을 뿐입니다."라고 대답한 구절을 주희는 인의를 높이고 이(利)를 낮추는 의미로 해석하였다.

그렇지만 이익은 맹자의 말을 인의와 이익(利益)을 함께 설명한 것으로 해석하였다. 〈주희집주〉에서도 일단 본심으로서의 인의를 전제하고 이에 따라 행동하다 보면 이익이 따를 것이라는 언급이 있긴 하지만, 이익의 견해는 한걸음 더 나아가 이익(利益)의 의식적 추구를 긍정했던 것이다.

그런데 이익은 인심과 도심을 분리하여 사단을 적극적으로 해석하는 이황 이래 남인의 학풍 속에 서 있었다. 그러므로 이익이 인욕으로 간주되어 온 이(利)를 긍정하기 위해서는 인성에 대한 새로운 해석이 필요했다.

《성호집》 이익(1681~1763)의 시문집. 이익은 유형원의 학풍을 계승하여 실학의 대가가 되었으며, 특히 천문·지리·의약·율산·경사에 많은 업적을 남겼다. 그의 사상은 제자 안정복, 이가환, 이중환, 윤동규, 신후담, 권철신 등에 의해 연구·계승되었고 정약용이 집대성하였다.

이익은 인의 재해석을 시도하여, 인은 추상적인 원리가 아니라 백성을 보호하고 백성을 이롭게 하는 실천으로 보았다. 그는 당대 절대시되던 의리론을 새롭게 해석하여 의리에 맞는 행동이라도 때로는 공리를 감안해야 한다고 하여 의리론 자체를 일정하게 상대화하고 이(利)를 적극적으로 인식하였다.

현종과 이익은 시대적으로는 약간의 차이가 나므로 서로 간에 의견을 교환한 경우는 없었지만, 민생을 중시한 서로의 뜻은 일맥상통하고 있었다.

계지술사(繼志述事)

현종이 《심경》을 멀리하고 당 태종의 기사에 주목한 것은 사림파 성리학자들이 주장하는 공리공담을 지양하고 현실적 입장을 천명하고자 한 것이다. 그리고 얼마 후 이익에 의한 공리주의적 경전 해석이 등장하는 것은 사림파의 심학화 경향에 대한 반동으로서 실학적 기풍이 형성되어 가고 있던 당시의 상황을 잘 보여 준다.

그렇지만 현종의 사학(史學) 중시 방침은 곧 사림 세력의 완강한 저항에 부딪히고 만다. 먼저 포문을 연 것은 집의 이단상이었다. 그는 왕의 학문은 모름지기 사학보다는 경서를 위주로 해야 한다는 성리학적 원칙을 천명하고, 따라서 《통감》보다는 《심경》을 강독할 것을 권하였다. 그리고 송시열과 송준길을 선대의 예에 따라 예우하라고 주장하였다.

그렇지만 현종은 송시열에 대한 불만을 노골적으로 표시하였다.

그 이유는 효종이 비록 차자라고는 하나 이미 10년간을 왕으로서 재위한 몸인데, 송시열은 이를 무시하고 단지 효종을 인조의 지서(支庶)로서 인정하여 그 은혜를 배신했다는 것이다. 따라서 "송시열을 두둔하는 자들은 죽음으로도 용서받지 못할 것이다."라는 극언도 마다하지 않았다.

그리하여 현종은 정식 경연을 중지시킨 채 옥당의 관원들로 하여금 여전히 《통감》만을 강독케 하였다. 이와 같은 일은 이듬해 중반까지 지속되었다. 현종의 이러한 처사는 고원한 성리설과 예론을 자파의 정권 장악에 이용하려는 사림과 정권에 대한 저항의 몸짓이었다.

경연에 대한 현종의 입장이 분명하게 표명되자, 현종 즉위 이후부터 사태를 관망하던 산당 세력의 반격이 본격화되었다. 그 대표적인 인물은 당시 사림의 명망을 얻고 있던 좌참찬 송준길이었다. 그는 효종 때의 예를 들어 《심경》을 정식 경연에서 강독할 것을 주청하였다.

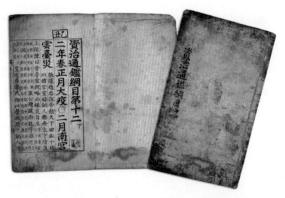

《자치통감강목》 송나라 사마광(司馬光)이 지은 《자치통감》 294권을 주희와 그의 제자인 조사연(趙師淵)이 강목체(綱目體)로 편찬한 책. 역사를 통해 의리를 천명하고자 하였다.

송준길이 선대의 예를 들어《심경》강독을 요구한 것은 다분히 전략적인 의도였고, 이것은 적중하여 현종은 마지못해 미온적인 수락을 하고 말았다. 이때를 놓치지 않고 신하들은 그동안의《통감》강독이 잘못되었음을 지적하면서, 역사서보다는《심경》과《근사록》이 더욱 중요하다는 점을 주장하였다.

　이후의 상황은 효종 때와 거의 비슷한 양상으로 전개되었다.《심경》이 경연 과목으로서 확고히 자리를 잡은 것이다. 그 후 3년여의 시간이 흐른 뒤에 송준길은 현종에게《심경》을 강하는 자리에서 '계지술사(繼志述事: 선왕의 뜻을 계승하여 정사를 펴 나감)', 즉 효종대에 이루지 못한 북벌론 완수의 과업을 구실로 하여, 정계를 떠나 있었던 송시열을 다시 등용하라고 요구하였다. 송시열을 복귀시킴으로써 또다시 정국을 두 사람이 주도할 수 있는 기반을 마련하려는 것이었다.

　이를 통해서 그동안 현종에게 미움을 받아 재야에서 은거하던 송시열이 다시금 화려하게 복귀하였다. 조정으로 돌아온 송시열은《심경》강론이 끝난 후에, 현종 앞에서 중종의 조광조에 대한 처신을 싸잡아 비난함으로써 그동안 자신을 소원하게 대접했던 현종을 간접적으로 공격하였다. 사림파 성리학자를 배척하는 왕은 부덕한 왕이라는 인식을 각인시키고자 한 것이다.

21장_ 송시열의 몰락

《심경석의》의 간행

숙종조에도 송시열이 숙종에게 성학 교육의 중요성을 강조하면서 경연에서의 《심경》 강설이 정례화되었다. 주목되는 것은 경신환국*(庚申換局) 이후 서인 세력이 국정을 장악하면서, 그때까지 교재로 이용되던 이황의 강의록 대신 송시열의 성리학에 대한 성찰을 반영한 새로운 주석서가 편찬된 점이다.

이황의 《심경》에 대한 연구가 효종대에 군주의 유학 교육에 반영된 후, 서인 산림 학자들은 자신들의 성리학에 대한 성찰을 반영한 새로운 보완책이 필요함을 자각하였지만 영남학파의 반발을 의식하

---

* 1680년 3월 28일, 탁남 영수 허적의 조부 허잠의 연시연(延諡宴)에 허적이 궁궐에서 쓰는 유악(油幄)을 임의로 가져다 쓴 데 대해서 숙종이 진노함으로써, 남인이 몰락하고 서인이 집권하게 된 사건. 경신환국을 계획했던 숙종 외척 김석주는 이에 그치지 않고 허적의 아들 허견에 대한 옥사를 일으켜 차기 대권 후보였던 복선군(福善君)과 이들과 가까웠던 허적, 윤휴 등 남인 세력을 일거에 제거하였다.

여 실행에 옮기지 못하였다. 결국 경신환국 이후 기호학파가 실질적으로 국정을 장악한 후에야 송시열은 남인 세력의 영향력을 정계에서 완전히 축출하기 위해서 이황의 권위를 대신할 만한 새로운《심경》주석서를 탄생시키고자 하였다.

숙종은 송시열의 이러한 제안에 이의를 제기하지 않았다. 그리하여 숙종 7년(1681), 그때까지 참고 교재로 이용되던 이황의 강의록을 보완하라는 지시가 내려졌다. 숙종은 이이의《성학집요(聖學輯要)》(1575)의 예에 준하여 송시열의《심경석의(心經釋疑)》를 간행하라고 하명하였다. 이로써 이황에 의해서 조선 성리학의 성학 이론서로 재정립된《심경부주》는, 송시열이 자신의 성리학에 대한 성찰을 반영시킨《심경석의》라는 주석서로 재탄생하였다.

그런데 놀라운 것은 송시열이 왕명을 얻어《심경석의》를 정정하고 차자를 올리면서 "임금과 유생의 학문은 같은 것이고《심경》이 그 교과서가 되는 것입니다."라고 주장한 것이다. 이전까지는《심경》이 왕권을 견제하기 위한 사림파의 정치적 도구라는 점을 국왕이나 신료들이 다만 암묵적으로 인정하고 있던 터였다. 그러나 이제 송시열이 이러한 묵계를 공공연히 발설하는 대범한 지경에까지 이르게 되었다는 점에서 충격적이지 않을 수 없다.

송시열의《심경석의》편찬은《심경》에 대한 남인의 입장과 서인의 입장이 크게 달랐기 때문에 시도된 것이 아니었다.《심경석의》는,《심경부주》에 정민정이 부가한 존덕성(尊德性) 중심의 성리학 이해를 지양하고 주희의 본래 의도로 재해석해 내는 이황의 작업을 계승한 것이다. 이로 보면 송시열의《심경석의》간행은 학술적인 측면보다는 다분히 정치적인 의도가 내포된 것이었다. 다만《심경석의》에서 이황의 견해에 송시열이 비판적으로 보완한 내용은 영남학파와 견해를 달리하는 기호학파의 기본 입장, 즉 이기론(理氣論)에 대한 송시열 자신의 성찰을 부가한 점뿐이었다.

무기가 된 학문

그러나 송시열의 《심경석의》 편찬은 그 자신이 우려했던 것처럼, 이황의 후예들과 윤증 일파에게 이황을 경시했다는 비판을 받았고 그가 실각하는 요인이 되었다. 즉 《심경석의》의 편찬은 기사환국*(己巳換局) 시기에 남인들에 의해서 송시열계가 몰락하는 치명적인 원인이 된 것이다.

1689년 송시열이 사사당하면서 《심경석의》의 교정본과 판각도 모두 소각되었다. 숙종 20년(1694) 갑술환국**(甲戌換局)을 계기로 서인 세력이 정국을 장악하면서 《심경석의》가 다시 간행되는데, 결국 송시열의 《심경부주》에 대한 새로운 보완은 노론 세력의 정치적 부

---

* 1689년 친남인계였던 장희빈의 아들을 원자로 책봉하면서 서인이 몰락하고 남인이 정국을 장악하게 된 사건. 서인 세력이 왕권 강화에 장애가 된다고 판단한 숙종은 송시열의 원자 정호 반대 상소를 빌미로 서인에서 남인으로의 환국을 전격 단행하였다. 결국 송시열은 기사환국 때 사약을 받고 죽었고, 서인 영수로 추앙받던 이이와 성혼도 문묘에서 출향되었다.

** 남인 세력이 서인들의 인현왕후 복위 계획을 적발하여 그들을 일망타진할 심산이었으나, 숙종이 갑자기 마음을 바꾸어 남인을 축출하고 기사환국으로 몰락했던 서인을 다시 등용한 사건. 후에 영조의 생모가 되는 숙원 최씨에 대한 남인들의 독살 음모가 숙종이 마음을 바꾸는 데 결정적인 역할을 했다고 한다.

침에 따라 운명을 함께한 것이다.

그런데 사림파들의 주장대로 《심경》이 천인합일설이라는 커다란 논리적 전제 안에서 정말로 순수하게 임금의 선정(善政)을 돕기 위한 것이었다면, 송시열에 대한 당대의 평가는 그다지 부정적이지는 않았을 것이다. 《숙종실록》의 〈송시열졸기〉에서 사관(史官)은 다음과 같이 기록하고 있다.

기해예송 이후로는 자못 애증(愛憎)으로써 시비를 삼고, 또 조정의 논의에 참여하고 간섭하여 대관(大官)과 요로(要路)를 내치고 올림과 주고 빼앗는 것이 송시열에게서 말미암음이 많았으며, 또한 다시 뜻에 따라 취하고 버렸다. 한 마디 말이 회덕(懷德: 송시열의 고향)에서 나오면 사람들이 감히 어기지 못하였고, 조금이라도 거슬리는

송시열 묘 충북 괴산군 청천면 청천리 소재.

바가 있으면 비록 평생을 복종해 섬긴 자라고 하더라도 곧 서로 불화하였으니, 의논하는 자가 깊이 이를 근심하였다.

송시열이 산림 영수로서 《심경》이라는 학문적 무기를 앞세우면서 국사를 좌우하려고 했던 실상을 여실히 보여 주는 대목이다.

그러므로 이이나 성혼이 모두 이황의 《도산급문록(陶山及門錄)》에 들어 있을 정도로 모두가 한 식구처럼 여겨지고 있던 조선의 사림계가 분열을 본격화하여, 송시열이 노론을 창시하는 시대에 와서는 이이 때까지 소급해서 당파적인 비난을 받게 되었다는 평가는 매우 날카로운 역사적 안목이라 하겠다.

이황 이전의 정치 싸움은 사화로 나타났고, 그 이후에는 당쟁으로 나타났으며, 동시에 이황 이전의 학자는 초당적(超黨的) 지지를 받았고, 그 이후의 학자는 당파적 지지를 받았던 것이라는 평가*도 조선 정치사에 미친 송시열의 부정적 영향을 날카롭게 지적하고 있다.

---

* 강주진, 1971, 《이조당쟁사연구》, 서울대출판부, 122쪽.

22장_《심경》을 역이용한 영조

콤플렉스

경종대에는 이광좌(李光佐)를 세제 우빈객으로 삼았다. 그러자 비로소 사람들이 적당한 사람을 얻었다고 기뻐하였다. 이는 정권이 소론에게 넘어갔음을 말해 주는 것이다. 아무튼 영조도 즉위 직후에 이광좌에게 왕이 경연에서 강서할 과목을 물었는데, 《심경》과 《강목》을 진강하라는 답변을 얻었다.

영조대에는 우여곡절을 겪은 끝에 송시열을 조종으로 하는 노론이 정국을 장악하였다. 그리고 효종대에 버금갈 정도로 영조의 전폭적인 지지를 받아 야대와 소대, 그리고 주강을 막론하고 《심경》의 강론이 활발하였다.

이와 같은 현상은 영조가 출생의 콤플렉스를 극복하기 위해 성학군주로서의 위상을 확립함으로써 정당성을 획득하려는 의도에서 비롯되었다. 그런 맥락에서 영조대에는 정부 차원에서 《심경》과 《근사록》을 관서(關西)에 반포하여 유교를 권장하는 적극적인 조처도 취해졌다. 그러나 영조의 《심경》 강조는 내용보다는 형식에 매달리는, 말하자면 유교적 교양을 추구하는 군주로서의 이미지 창출에 치중된 것이었다.

그런데 효종대와는 달리 영조대의 특징으로서 주목할 수 있는 것은 영조 18년(1742) 8월 7일에 있었던 박성옥의 상소를 기점으로 하여 《심경》이 왕을 억압하는 기재에서 도리어 왕이 신하들을 압박하는 도구로 성격이 바뀌어 간 점이다. 영조 18년 9월 15일자 실록에서, "임금이 날마다 경연(《심경》 강독)을 열었지만, 성학에 도움이 되는 것은 조금도 없었다. 하루 종일 연석에서 아첨하는 말만 들리니, 식자들이 근심하고 탄식하였다."라는 사관의 기록은 더 이상 《심경》이 국왕을 견제하는 사림 세력의 무기로서 제 역할을 다하지 못하게 되었음을 대변해 준다. 경연은 이제 왕에 대한 아첨의 장으로 전락한 것이다.

이후부터는 영조가 경연을 주도하였다. 주강을 행하여 《심경》을 읽고 박필주에게 글 뜻을 진달하라고 명한 것은 하나의 예에 지나지 않는다. 영조는 매우 빈번하게 유신들에게 명령하여 《심경》을 읽을 것을 강요하였다.

영조대에는 정치적으로 파란이 매우 많았다. 즉위 초부터 영조가 경종을 독살했다는 소문이 끊이지 않은 데다, 홍수와 가뭄이 계속되었다. 그런데 이러한 자연 재해는 영조가 선왕 경종을 독살하고 왕위에 오른 부덕한 인물이기 때문이라는 논리로 귀결되었다. 천인합일설 때문이었다.

영조는 소론 정권하에서 어렵게 즉위하였으므로 소론 및 남인 세력을 일단 정계에서 물리치고 노론 중심의 을사환국(乙巳換局)을 단행하였다(영조 1, 1725). 이에 정권을 잡은 노론은 경종 때 노론의 세제 대리청정 주장을 역모로 몰았던 소론을 역적으로 처단하라고 요구하였다. 영조가 이를 거부했지만 노론은 계속 소론을 제거할 것을 요청하였다. 그러자 영조는 "노론이 임금에게 사람을 죽이도록 유도한다."고 화를 내면서 정권을 소론 완론 지도자 조문명(趙文命)을 중심으로 하는 소론 온건파에게 넘겨주었다. 소론을 중심으로 남인을 보합한 이 조치를 정미환국(丁未換局 : 영조 3, 1727)이라 한다. 영조는 노론의 전제가 왕권 강화에 저해되는 것을 막고 스스로가 성인군주임을 표방하고자 한 것이다.

영조(재위 1724~1776) 무수리의 아들로 태어난 영조는 이복형인 경종이 의문사한 뒤에 등극함으로써 재위 초반에 형을 죽인 왕이라는 의혹과 저항에 시달려야 했다. 조선 정치사의 기념비적 업적으로 등장하는 탕평책은 그의 불안한 왕권을 보장하기 위한 고육지책에 불과하였다. 왼편 초상화는 연잉군 시절의 모습이다.

그러나 영조 4년(1728)에 소론과 남인이 연합하여 일으킨 대규모 반란, 이른바 무신란(戊申亂)으로 인해 영조는 커다란 충격에 휩싸였다. 무신란은 경종을 시해하려는 음모로 지목된 삼수역안(三手逆案)과 경종의 갑작스러운 사망에 영조가 깊이 개입되었다는 의혹을 반란의 이유로 내걸었다.

소론과 남인 세력들이 영조의 경종 독살설을 반정의 명분으로 들고 나왔을 만큼 영조와 경종의 관계는 대단히 미묘한 것이었다. 숙종에게는 인현왕후를 쫓아내고 왕비가 된 장희빈으로부터 얻은 경종과, 숙빈 최씨에게서 얻은 연잉군 두 아들이 있었다.

경종은 1720년 6월에 왕위에 올랐으나 그의 친모인 장희빈은 인현왕후를 저주하여 죽였다는 죄목으로 이미 사약을 받고 죽은 상태였고(1701), 이 때문에 경종은 죄인의 아들이라는 지목을 받고 있었다. 특히 세간에서는 장희빈이 인현왕후를 저주한 사실을 숙종에게 고해 바친 사람이 바로 연잉군의 모친인 숙빈 최씨였다는 소문이 나돌고 있었다.

이에 반해서 후에 영조가 된 연잉군은 그의 모친 최씨가 노론 출신인 인현왕후궁 소속이었다는 점 때문에 노론 세력의 극진한 추대를 받았다. 1716년 이후 정권을 장악하고 있던 노론당은 경종 원년(1721) 8월부터 남인 또는 소론 정권이 들어서는 것을 막기 위하여 연잉군의 왕세제 책봉 운동을 벌였다. 이때 왕세제 책봉 논의를 주도한 이는 임인옥사(壬寅獄事: 1722)로 죽은 이른바 노론 4대신, 즉 김창집(金昌集), 이이명(李頤命), 이건명(李健命), 조태채(趙泰采)였다.

노론측에서는 여세를 몰아 두 달 뒤인 경종 원년 10월에 왕세제 대리청정을 요청하였다. 경종이 왕위에 오른 지 1년도 되지 않은 시점에서 그를 퇴위시키려고 했던 것이다. 그러나 그해 12월 초에 상소를 통한 소론측의 반격으로 인해서 노론 주도 정국이 붕괴되었는데 이를 신축환국(辛丑換局 : 1721)이라고 한다.

소론이 정권을 주도하게 된 신축환국은 노론에게는 비운의 서막이었다. 이듬해인 임인년(1722) 2월에 남인 서얼 출신 목호룡(睦虎龍)이, 김창집의 아들 김용택(金龍澤), 이이명의 아들 이천기(李天紀), 연잉군 첩의 동생 백망(白望), 연잉군의 처조카 서덕수(徐德壽) 등이 경종을 죽이고 연잉군을 옹립하려는 역모를 꾸미고 있다고 고변함으로써 노론 4대신을 위시한 노론 정파 인물들이 사형을 당했기 때문이다.

고변 내용에 따르면 이들은 경종을 죽이기 위해 칼을 쓰는 대급수(大急手), 경종을 축출하여 폐위를 도모하는 소급수(小急手), 독약을 쓰는 평지수(平地手) 등의 세 가지 방식, 이른바 삼수역안(三手逆案)을 논의했다는 것이다. 그러나 이 당시 사건 처리에 대한 모호성과 함께 역모의 증거가 확실히 드러난 것이 아니어서 이 사건은 소론측에서 노론을 거세하기 위하여 계획한 것이라는 의혹이 짙었다.

이 사건을 통해서 노론계 인물들은 수백 명이 주살되거나 유배에 처해졌는데, 신축년에 화단(禍端)이 일어나 임인년의 대옥(大獄)으로 끝났다 하여 신임사화(辛壬士禍)라 한다.

한편 병약했던 경종은 재위 4년 2개월 만인 1724년 8월에 승하하였다. 그런데 경종은 당시 왕세제궁에서 보내온 게장과 생감을 먹은 날 밤부터 갑자기 용태가 나빠져 5일 후에 사망함으로써, 경종의 사망에 영조와 노론 지도부가 깊게 개입했다는 의혹을 불러일으켰다. 이러한 이유로 1728년의 무신란 때 봉기군이 경종의 상여를 앞세우

김창집(1648~1722)

이이명(1658~1722)

이건명(1663~1722)

조태채(1660~1722)

노론의 정국 장악을 위해 연잉군의 왕위 등극을 도모하다 임인옥사 때 사형당한 노론 4대신.

고 진격함으로써 영조의 집권에 대한 불만을 노골적으로 표시했던 것이다.

무신란의 충격으로 영조는 이듬해 기유대처분(1729)을 통해서 임인옥사(1722) 때 죽은 노론 4대신 중 우선 이건명과 조태채를 신원하였다. 그리고 붕당의 타파를 전면에 표방하였는데, 이를 통해서 비로소 탕평이 정국운영론에 적용되기 시작했다.

반격당하는 유신들

기유대처분 이후 영조는 당파적 의리 주장을 앞세우기보다 군주권 앞에서 붕당은 타파되어야 한다는 입장을 우선적으로 존중하는 완론 중심의 노론과 소론계 탕평을 강력히 추진하였다. 그러나 자신의 즉위 기반을 노론당에 두었던 영조는 1740년(영조 16) 1월에, 임인년 옥사로 죽은 노론 4대신 중 나머지 김창집과 이이명을 신원하는 경신처분(庚申處分)을 발표하였다. 노론 4대신은 모두 영조의 왕위 계승을 위하여 노력했을 뿐 아무런 죄가 없다고 함으로써 이제까지 정국을 혼란케 해 온 주요 쟁점을 해소시켰다.

경신처분 이후 한동안 안정 국면에 접어들었던 정국은 다시 영조 31년(1755), 을해옥사(乙亥獄事)의 발생으로 소란을 겪었다. 당시 영조를 비난한 나주의 괘서 사건과 뒤이은 심정연(沈鼎衍)의 과거 답안지 사건을 계기로 박사집(朴師緝), 박찬신(朴纘新) 등 소론 준론의 명문 가문과, 유수원(柳壽垣), 신치운(申致雲)을 비롯한 우수한 학자 5백여 명이 사형을 당하는 정변이 발생했던 것이다.

을해옥사 이후 정국은 노론이 장악하게 되었고, 특히 국왕과 혼인 관계에 있는 인척 세력들의 전횡에 의해서 정국이 운영되는 상태에 이르게 되었다. 그러한 정세 속에서 영조의 뒤를 잇기로 되어 있던 사도세자(思悼世子) 측근의 신하들 중에 소론과 남인계 인물이 많았다는 점은 그가 뒤주에 갇혀 참혹하게 죽어야만 하는 비운을 암시하고 있었다.

그러나 이와 같이 파란이 많았던 영조대에, 정국의 동향과는 무관하다 싶을 정도로《심경》의 강독은 지속적으로 유지되었다.《영조실록》에서 파악되는 것처럼, 영조의《심경》강독은 즉위년인 1724년부터 시작하여 서거 몇 해 전인 1770년까지 꾸준히 실행되었다. 바꾸어 말하면, 영조는 기력이 쇠잔해진 말년의 몇 해를 제외하고는 통치 기간 내내《심경》을 옆에 두고 살았던 것이다.

이런 와중에서 영조의 통치 스타일을 보여 주는 유명한 사건이 발생한다. 영조 37년(1761) 3월 21일 각사의 입직 관원을 소견하여 직무에 관해 물었을 때 모두 앙대하지 않자, 영조가 그 자리에서 유신으로 하여금《심경》을 강독하도록 명령한 것이다. 태만한 관리들의 정신 상태를 교정하기 위한 기재로서 영조가《심경》을 이용했던 것이다. 그리고 이 사건은 영조가 신료들을 압박하기 위해서 다분히 의도했던 것으로 보인다.

영조가《심경》을 가지고 유신들을 지도한 것은 도덕적 규범을 가지고 국왕을 옭아매려는 유신들에 대한 반격이었다. 경(敬)을 핵심내용으로 하면서 대부분 군자유(君子儒)가 되는 방법론을 설명하고 있는《심경》은, 그것을 누가 우위의 입장에서 운영하느냐에 따라 신하가 왕을 억압하거나, 역설적으로 왕이 신하를 제재하는 도구로 이용될 수 있었다.

영조대에 경연에서 강론 교재로 사용된 서책 중 《성학집요》가 46회, 《근사록》이 38회, 《심경》이 83회의 빈도를 보이고 있는 것은 사림파에 의해서 군주 성학의 내용이 완전히 심학화되었다는 반증이다. 이에 맞추어 영조도 이미 유학 강론의 시대적 조류가 되어 버린 《심경》을 가지고 신하들에게 맞선 것이라 할 수 있다.

영조대의 이러한 동향은 숙종대의 환국기를 거치면서 점차 정치 권력이 신하들의 손에서 국왕에게로 옮겨가기 시작했음을 보여 준다. 비단 정치 권력의 이동뿐만이 아니라, 숙종·영조·정조대에 걸쳐 재야 지식인들 사이에서 실학적 학풍이 가장 왕성하게 고조되었다는 사실은 사림파가 내세운 의리 도덕적 명분론을 가지고서는 더 이상 정국을 지탱해 나가기가 힘겹게 되었음을 암시한다.

23장_미완의 개혁 군주, 정조

새로운 시대정신의 추구

정조는 1772년 동궁으로 있으면서 영조에게 앙청하여 대내에 있던 갑인자로 인쇄한 《심경》과 《만병회춘(萬病回春)》 두 책을 내다가 이를 자본으로 삼아 임진자 5만 자를 만들었다. 이는 정조의 《심경》에 대한 애정을 보여 준다고 해석할 수도 있지만, 그만큼 《심경》이 사회적으로 중요한 위상을 확보하고 있었음을 말해 준다.

정조대에도 역시 영조대와 마찬가지로 국왕이 《심경》의 강독을 주도하는 입장에 섰다. 정조는 원년부터 신하들에게 《심경》을 읽으라고 명함으로써, 더 이상 《심경》이 신하들의 전유물이 아님을 분명히 하고자 하였다.

그러나 정조는 《심경》에 매몰되지는 않았다. 정조는 보다 더 치열하게 시대정신을 읽고 있었다. 그것은 국정을 장악하여 추상적인 명분론만을 주장하는 노론 세력의 손아귀에서 벗어나야 한다는 시급한 목표였다. 실제 정조대 경연에서 《심경》을 강독한 횟수는 영조대의

83회에서 9회로 급감하였다.

정조는 정치 개혁에 대한 절박함을 온몸으로 느끼면서 성장한 인물이었다. 그는 재위에 오르는 과정에서 노론 벽파 세력으로부터 온갖 견제를 당해 목숨이 위태한 경우를 수도 없이 넘겨야만 했다. 그가 즉위하는 순간, 자신이 사도세자의 아들이라는 사실을 공언한 것은 재위에 오르기 전부터 노론 벽파 세력이 장악하고 있는 정국을 극복하기 위해 절치부심하고 있었음을 보여 준다. 정조는 조선이 새로운 나라로 다시 태어날 수 있도록 마음 깊숙한 곳에서부터 일대 개혁을 준비하고 있었던 것이다.

정조가 즉위한 지 22년째 되는 해에 자신을 '모든 하천에 비치는 밝은 달'이라는 '만천명월주인옹(萬川明月主人翁)'으로 표현한 바와 같이, 정조대에는 군주 중심의 정국 운영 현상이 두드러졌다. 정국 운영은 군주가 주도해야 하는 것일 뿐만 아니라, 군주는 사대부를 포함하는 모든 신민을 나의 동포라는 입장에서 일원적으로 단일하게 파악해야 한다고 정조는 생각한 것이다.

정조는 영조 연간과는 달리 철저하게 외척의 정치 관여를 배제하였다. 즉위 초에는 남당과 북당으로 불려지는 외척이 주도하는 정파를 모두 와해시켰다. 그리고 자신의 즉위 공신인 홍국영(洪國榮)이 누이를 원빈으로 들여보내 왕실 외척으로서의 입지를 만들고 산림 세력의 인정을 받아서 노론계의 주도 세력으로 부상하려는 권력 독점의 뜻을 보이자 갑자기 정계에서 은퇴시켜 버렸다.

따라서 정조대에는 노론이 주장하는 도덕적 명분론보다는 왕권의 강화와 민생에 도움이 되는 실용적 측면이 많이 강조되었다. 대표적인 예가 규장각을 설치하여 실무적 지식인을 양성하고 실학자를 우

규장각 1776년(정조 즉위)에 창덕궁 북원(北苑)에 설치. 표면상 역대 국왕의 어필(御筆)·어제(御製)의 보관을 표방하였으나, 기실은 노론 척리(戚里)의 음모와 횡포를 차단하고 신하 중 학식이 뛰어난 인재를 양성하여 정조의 개혁 정치를 위한 학술 지원 기구로서 운영하고자 하였다.

대한 것이다. 수원성 축조나 화성 행차를 위한 배다리 공사 등에서 실학적 지식을 실제에 적용시킨 것도 탁월한 학자인 동시에 쇠약해진 조선 왕조를 중흥시키려는 개혁 군주 정조의 업적이었다.

특히 정조 즉위 후 주목되는 사실은, 15세기 후반기에 6대 왕조(세종~성종)를 거치면서 정치·경제·국방·사회·문화 등에 많은 기여를 하며 뛰어난 경륜가로서의 면모를 발휘한 관학과 성리학자 양성지(梁誠之, 1415~1482)에 대한 재조명이 이루어졌다는 점이다. 규장각의 설치가 바로 양성지의 발의를 토대로 한 것이었는데, 정조는 즉위한 후 그의 문집을 간행토록 하명하였다. 정조는 15년(1791)에

초대 규장각 각신이던 이병모(李秉模)와 이복원(李福源)으로 하여금 《눌재집(訥齋集)》의 서(序)와 발(跋)을 짓도록 하여 양성지를 기리는 의도를 반영케 했다.

정조가 양성지를 기리는 이유는, 그의 학문이 '유용지학(有用之學)', '경제실용(經濟實用)'에 치중하여 정조의 '출부화(黜浮華) 귀실용(貴實用)'의 문교 정책에 부합된다는 점에 있었다. 말하자면, 정조가 추구하는 실용 존중의 학풍 수립에 있어서 양성지의 학문은 하나의 귀감과 선구가 된 것이다.

이와 관련하여 한 가지 주목할 것은, 정조가 등용한 규장각의 각신이 정조 15년에 30명에 이르렀는데, 그들이 모두 양성지의 외손들이었다는 사실이다. 정조는 《눌재집》 서문 끝에 그 명단을 첨부하도록 명하였다.

수원성 수구파의 손아귀에서 벗어나 개혁 정치의 중심지로 활용하기 위해 정조가 조성하였다.

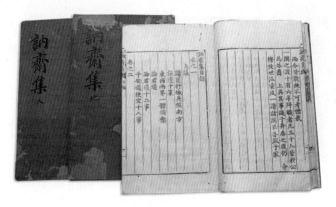

《눌재집》 양성지의 문집.

이것은 우연치고는 너무나 신기한 일이다. 노론이 득세하는 상황 속에서 실용 존중의 학풍을 유지했던 양성지의 후예들을 새로운 관료군으로 육성하려 한 정조의 치밀한 의도라고밖에는 해석할 길이 없다.

양성지는 공리주의를 추구했다는 이유만으로 사림파에 의해서 전통적으로 비판받아 오던 인물이었다. 그럼에도 불구하고 정조가 이와 같이 양성지 현양 사업을 벌인 것은 노론 세력의 전횡 속에서 정조가 모종의 결심을 하고 있었음을 암시한다.

정조는 양성지 문집을 간행하던 같은 해에 정도전의 《삼봉집(三峯集)》을 보완·복간하도록 규장각에 명령하였다. 조선 시대 전반에 걸쳐서 사림파들에 의해 줄곧 폄하되어 온 정도전을 복권시킨 정조의 의도는 당대의 비효율적 시대정신을 초극하기 위한 것이었다.

즉 정조의 이러한 노력들은, 정도전, 양성지 등 15세기 학자들이 추구한 학문의 목표가 기본적으로 민족의 자주성과 민생 안정이라는

정도전 《삼봉집》 목판

두 가지 문제로 귀결되고 있었다는 점에서 정조 당대의 실학적 학풍을 부흥시키기 위한 사상적 연원을 재조명한 것에 다름아니다.

오회연교와 안타까운 죽음

정도전, 양성지의 현양 사업과 아울러서 주목되는 사실은 임진왜란에서 조선의 운명을 구한 이순신의 문집이 정조의 명에 의해 편찬된 사실이다. 임진왜란 때의 일상을 기록한 이순신의 일기는 이때에 비로소 '난중일기(亂中日記)'라는 이름을 얻게 되었다.

《이충무공전서(李忠武公全書)》는 이순신이 세상을 떠난 지 194년 만인 1792년(정조 16) 정조의 명으로 발간이 시작되었다. 규장각 각신 윤행임(尹行恁)이 이순신의 시문(詩文)과 관계 기록을 수집하는 편찬 실무를 맡았다. 그리고 예문관 검서인 유득공(柳得恭)이 교정을 담당하여 14권을 완성하고 1795년(정조 19) 활자본으로 간행하였다.

정조가 현양한 이들 인물의 공통점으로는 학자 관료로서의 현실적 감각과 사회적 책임감을 기반으로 하고 있었다는 점, 부국강병을 지향하는 조선 전기의 관학적 · 공리적 학문 전통을 계승하고 있었다는 점 등을 지적할 수 있다. 이는 다른 말로 표현하면 문약해진 시대정신을 극복할 만한 새로운 모델을 제시한 것이라 할 수 있는데, 특히 이순신을 재조명한 것은 사림파 사족들의 집단이기주의가 만연해 있던 당시의 풍조에 새롭게 국가 관념을 심어 주기 위한 의도였던 것으로 해석된다.

정조는 현륭원(顯隆園) 이장, 장용영(壯勇營) 강화, 화성(華城) 축조의 여세를 몰아 1794년(정조 18) 12월 벽파의 영수 김종수(金鍾秀)를 강제로 은퇴시켰다. 그리고 군주도통론을 주창하였다. 즉 도학의 정통은 사림파 선배 학자들에게 있는 것이 아니라, 바로 군주 자신에게 있다는 점을 부각시킨 것이다. 이는 목숨을 건 한판 승부수를 노론 세력에게 던진 것이나 다름없었다.

정약용(1762~1836) 조선 후기의 천재 실학자. 일찍이 정조로부터 신임을 받아 차세대 재상감으로 지목되었으나, 노론 벽파 세력의 견제로 18년에 걸친 긴 유배 생활의 고통을 견뎌야 했다. 이 기간 동안 그는 오로지 공부에 힘써 《목민심서》, 《흠흠신서》, 《경세유표》를 비롯한 5백여 권에 이르는 방대하고도 훌륭한 저술들을 생산하였다.

1799년(정조 23) 3월 정조는 경모궁(敬慕宮)을 참배한 후 전교의 형식으로 임오의리*(壬午義理)를 천명하였다. 경모궁은 정조의 손으로 개축한 사도세자의 사당이다. 정조는 이곳을 참배한 후 노론 벽파 세력의 손에 억울하게 죽은 부친을 복권시킨 것이다. 이에 벽파는 정조에게 완전히 등을 돌리고 말았다.

벽파의 반발에 아랑곳하지 않고 정조는 마침내 1800년(정조 24) 5월 그믐 경연에서 '오회연교(五晦筵敎)'를 발표했다. 이는 '5월 그믐날 행한 경연에서의 하교'라는 뜻인데 그 골자는 두 가지였다. 먼저 영조를 등에 업은 노론의 정치 원칙을 부정하고 정계 개편을 암시하였다. 또 임오의리를 천명하되 임오의리로 인해 신임의리**(辛壬義理)를 번복하지 않는다고 하였다. 이를 다시 말하면, 전자는 그동안 유지되어 온 노론의 독주를 종식시키기 위해서 이가환(李家煥)을 정점으로 하는 남인 강경파의 부상을 암시한 것이고, 후자는 사도세자를 모해한 공홍파(벽파)가 정조에게는 반역을 범한 것이나 다름없지만, 더 이상 그 문제를 추궁하지 않을 방침인 만큼 자신에게 대항하지 말고 순종하라는 뜻을 나타낸 것이다.

　　예상대로 벽파의 반발은 대단했다. 그리고 오회연교가 있은 뒤 이십여 일 만에 정조가 49세의 나이로 사망하였다. 정조의 사망은 무수한 의혹을 남겼다. 특히 남인들 사이에서는 정조의 독살설이 유포되었다. 정약용(丁若鏞)도 《여유당전서(與猶堂全書)》에서 이 사건을 언급하면서 독살설을 강하게 암시하였다.

　　정조가 죽자 벽파는 정조의 탕평 정책을 무산시키고 정조 세력의

---

* 사도세자에 대한 모함을 없앰으로써 군주권을 천양해야 한다는 주장. 남인과 소론계 인사가 주장하였고 노론계에서도 박종악·서유린·이병모 등 정조 측근 세력이 이를 지지함으로써 노론 내부의 분열을 유발하였다. 요컨대 노론 벽파 세력의 음모에 의해 사도세자가 억울하게 죽었다는 점을 정조가 내외에 천명함으로써 공식적으로 사도세자를 신원한 것이다.

** 영·정조 통치 기간을 관통한 노론 세력의 가장 중요한 명분. 노론 세력은 신임옥사가 연잉군을 왕으로 만들어 주려다가 겪게 된 노론의 희생이라고 주장하여 영·정조 통치 기간 동안 정국의 주도권을 유지할 수 있었다.

제거에 나섰다. 정조의 권력 기반이었던 장용영도 혁파되었고 차기 남인 재상감으로 거론되던 이가환, 정약용도 노론 벽파가 일으킨 신유사옥(辛酉邪獄 : 1801)에 걸려들어 이가환은 고문 끝에 죽었고, 정약용은 18년에 걸친 머나먼 유배길을 떠나야만 했다.

그러나 벽파 정권도 약 6년 만에 붕괴하고, 정국의 주도권은 안동 김씨를 중심으로 하는 외척 세력과 소수의 경화벌열(京華閥閱)에게로 이양되었다. 이른바 외척 세도 정치가 시작된 것이다.

사림파의 등장과 함께 했던 《심경》은 효종·현종·숙종대에 가장 큰 빛을 발하고 정조대를 끝으로 완전히 사라졌다. 순조 11년에 교리 홍의영과 수찬 이정병을 소견하여 《심경》을 강하였다는 단 한 차례의 기록 이외에는 더 이상 《심경》에 관한 기사를 찾아볼 수 없다. 이는 세도 정국이 전개되면서 형식적인 국왕 견제 장치가 더 이상 필요하지 않게 되었기 때문이다. 소수의 문벌 외척 가문이 정권을 완전히 장악하면서 구두선에 지나지 않던 도덕적 명분론은 그 효용을 상실하게 되었던 것이다.

나오는 글

　광대한 국가 통치 영역의 지배 질서를 유지하기 위해서는 이데올로기의 역할이 보다 커진다. 직접 생산자를 결박하는 것은 물론이고 지배 계급과 중간 계급층 내부의 질서와 안정을 위해서도 단순한 군사적 강제에 의한 강경한 통치보다는 이데올로기를 무기로 하는 도덕적 지배 원리가 필요하다. 조선에서는 일찍이 성리학을 통한 교화라는 측면에서 군신 간에 전일적(全一的)인 타협점을 형성하고 있었다. 그런데 조선의 이데올로기를 장악한 성리학자들은 대민 지배뿐 아니라 군주권에 대한 제약까지도 기도하였다.

　선조대 이후 조선의 정국을 완전 장악하게 된 사림파 성리학자들은 체제 및 집권 유지를 위해서 점차 극단적인 주자학 교조주의를 확립시키고, 이를 뒷받침하는 존명 사대주의를 추상적 명분론으로 공고히 하였다. 그리고 자신들의 권위에 도전하는 일체의 행위를 차단하였다. 주자 유일주의를 신봉하여 주희의 경전 해석과 다른 입장을 보이는 사람에게는 가차없이 '사문난적(斯文亂賊)'이라는 낙인을 찍어 버렸다. 이 낙인은 한국 현대사에서 절대적 힘을 발휘한 '빨갱이'라는 용어와 비슷한 사회적 역할을 수행하였다.

존명 사대주의 체제의 확립은 조선 사회가 현실에서 명분의 사회로 완전히 전환된 것이며, 부국강병을 추구했던 조선 전기 관학 성리학의 전통이 완전히 단절되었음을 의미한다. 조선은 중기 이후 문약의 시대로 접어든 것이다.

성리학에 대한 인식이 심화됨에 따라서 사림파 성리학자들은 군주성학의 심학화를 국정의 최고 덕목으로 확립하였다. 그에 기반하여 그들의 이데올로기를 국정에 투영할 수 있는 체계를 구축하고자 하였다. 사림파 집권 이후 경연 활동이 더욱 강화되는 것은 이러한 사실과 관계가 깊다. 그리고 이때 중점적으로 부각된 강론 교재가 《심경》이었다.

경(敬)을 핵심으로 하면서, 군자소인론(君子小人論)을 주 내용으로 하는 《심경》은 패도(覇道)가 아닌 왕도를 행하기 위해서는 우선 무엇보다도 군자가 되는 것이 중요하다는 사림파들의 논리를 은연중에 뒷받침해 주었다. 패도에 대한 멸시는 무업(武業)과 잡업(雜業)을 천시하게 하고, 배타적인 사족 지배 체제를 강화하는 데 일조하였다. 나아가 성리학적 보편 이념 아래에서는 왕도 사대부와 별반 다를 게 없다고 보는 서인 세력의 왕사부일체(王士夫一體)의 논리를 가능케 했다.

군주가 왕도를 행하기 위해서는 군자유(君子儒), 즉 사림파 관료들에게 훈도를 받아야 한다는 명분을 가지고 사림파 성리학자들은 《심경》을 경연 과목으로 정착시키기 위해서 노력하였다. 《심경》의 경연 과목 채택 논의는 사림파가 본격적으로 정계에 등장하는 중종대에서부터 발의되기 시작하였으며, 산당 세력이 본격적으로 정계에 진출하는 효종 때에 결국 《심경》은 정식 경연 과목으로 채택되었다. 경연 과목으로서 《심경》의 정식 채택은 조선 초기부터 추구되어 온 심학화의 절정을 보여 주는 것이었지만, 동시에 현실적 정책의 실현을 중시하는 국왕권과의 충돌을 필연적으로 야기하였다.

현실적인 측면을 강조했던 왕권과 추상적인 명분론을 중시했던 사림파 간의 갈등을 극적으로 보여 준 것은 효종과 송시열 간에 전개된 북벌 논의이다. 효종은 집권에 대한 명분과 병자호란에 대한 복수를 위해서 현실적인 북벌 사업의 전개를 주장하였다. 그렇지만 송시열은 북벌의 명분만을 인정했을 뿐, 그것은 현실적으로 제갈량이 살아 있어도 실현하지 못할 불가능한 일이라고 규정하였다. 여기에 더하여 송시열은 모든 일의 근본은 임금의 마음을 바루는 일에 있음을 강조하고, 효종이 승하하기 직전까지도 경연에서의 《심경》 강론을 멈추지 않았다.

군주 성학의 심학화를 강조하는 사림파 성리학자들에 대해서 군주들이 보인 거부의 몸짓 또한 적지 않았다. 가장 대표적인 인물은 현종이었다. 그는 기해예송에서 보인 송시열의 태도를 효종에 대한 배신 행위라고 판단하였다. 그에 대한 보복조치로서 현종은 경연에서의 《심경》 강독을 폐지시켰다. 이 사실은 경연에서의 《심경》 강독이 궁극적으로는 사림파의 정치 이상을 실현하기 위한 장치였다는 점을 군신 간에 서로 인식하고 있었음을 말해 준다.

현종은 추상적 명분론만을 앞세우는 사림파들에 대한 반발로 《심경》 강론을 폐지하는 대신 역사서인 《통감》을 강독케 하고, 특히 중앙집권화를 완성시키고 부국강병을 이룩한 당 태종의 기사를 애독하였다. 이는 현실 정치에서 민생에 도움을 준 당 태종의 패도를 부각시킴으로써 왕권의 회복을 기도한 것이었다.

심곡서원 1650년(효종1)에 지방 유림의 공의로 조광조의 학문과 덕행을 추모하기 위해 설립하여 위패를 모셨다. 경기도 용인군 수지면 상현리 소재. 철인정치(哲人政治)를 이상으로 했던 조광조의 꿈은 아직도 우리들의 머리 위에 긴 그림자를 드리우고 있다.

그렇지만 현종의 현실 정치를 위한 시도도 사림파의 반격에 좌초하고 만다. 경연에서 《심경》을 강론하는 것이야말로 북벌을 추구했던 효종대의 일을 잘 계승하는 '계지술사(繼志述事)'에 해당하는 것이라는 사림파 성리학자들의 맹반격에 부딪혔던 것이다. 이후 경연에서의 《심경》 강론은 송시열이 존재했던 효종에서 숙종대에까지 그 절정을 이루었다.

출생에 대한 열등감과 불안한 왕위 계승으로 국왕으로서의 권위 확립에 고심했던 영조대에는 《심경》이 오히려 현학 군주로서의 측면을 외부에 과시하고, 신하들을 압박하는 도구로 역이용되기 시작하였다.

그리고 현실주의적 입장을 지닌 정조대부터는 《심경》 강론이 현저하게 줄어들고 순조대 이후에는 아예 그 존재조차 사라져 버리게 되었다. 세도 정국하에서는 굳이 도덕적 명분론으로 왕을 압박할 필요가 없을 만큼 신권이 크게 우위를 점하고 있었기 때문이다. 이와 같은 현상은 정통 사림파 성리학자들과 부침을 같이했던 《심경》의 정치적 운명을 잘 보여 주는 것이라 할 수 있다.

중국에서는 송대 이학(理學)에서 명대 심학(心學)으로 전이되는 과정에서도 별로 중시되지 않았던 《심경》이 조선에서 이와 같이 중시되었던 것은 정치사와 결부되어 전개된 조선 성리학의 독특한 특징 때문이다. 그만큼 조선의 정치는 도덕군자들이 다스리는 철인정치(哲人政治)에 대한 이상이 강했던 것이다.

그러나 본질적으로, 그 숭고한 학문이 인간의 도덕을 가장 강조했던 세력들에 의해서 자신들만을 위한 이기적이고도 현세적인 목적에 이율배반적으로 이용되었다는 점은 우리가 깊이 생각해 보아야 할 대목이다. 국가의 존재를 아랑곳하지 않고 오직 가문과 당파만을 위했던 사족 지배 체제의 강화는 궁극적으로 조선의 멸망을 불러들인 근원이 되었다.

저자 후기

박정희 정권은 유달리 국사 교육을 강조했지만, 그것은 철저히 일제강점기 황민화 교육에 버금가는 사상 통제 정책의 일환이었다. 자유민주주의를 표방하는 나라치고 우리나라처럼 국사 교과서를 국정 체제로 유지하고 있는 나라는 거의 없다. 국사 교육 시간은 있었으되 참된 역사 교육은 이루어지지 못했던 것이 그 당시의 실정이었다. 오늘날과 같이 다양한 역사가들의 사론을 자유롭게 접하지 못한 구세대들은 플라톤의 동굴의 비유에 나오는 동굴 안에 갇힌 사람들처럼 그림자를 진실이라 믿으면서 살아온 사람들이다. 그 세대들에게는 이른바 한국적 민주주의를 주창한 유신 독재 체제만이 유일한 숭배의 대상이었으니, 지금과 같은 자유스런 사회적 분위기는 이해하기 힘든 측면도 많을 것이라고 생각한다.

나는 사회적 체험을 통해서 군사 정권 하에서 길들여진 기성세대들의 염려와 편견이 김일성 부자를 절대적으로 숭배하는 북한 주민들과 별로 다르지 않다고 느꼈다. 기대와 설레임으로 교생 실습을 나갔을 때, 원로 교사들이 교무실에 모여 내 앞에서 노골적으로 "요즘 젊은 것들은 모두 빨갱이들"이라고 수군거리는 것을 들으면서, 나는 너무도 캄캄한 절망감을 느꼈다. 나는 그들에게 인생의 깊이와 교육의 묘미를 배우고자 했거늘, 그들은 나를 다만 '빨갱이'로 백안시할 뿐이었다. 고등학교 시절 유신 독재를 한국적 민주주의라고 찬양하던 국민윤리 선생님. 지금은 무어라고 학생들에게 말씀하실까? 개인의 사상을 표현하기에 자유롭지 못했던 시대와 직업적 한계 때문에, 나는 교생 실습을 마치면서 오히려 이 땅에서는 절대로 중등교사가 되지 말아야겠다고 생각하였다.

파란 많은 우여곡절을 거친 역사의 공은 이제 참여정부의 손에 들어왔다. 정부는 이 공을 어디로 몰고갈 것인가. 처음의 기대와는 달리 미덥지 못하다는 우려가 생기는 것도 사실이다. 민생을 안정시키기 위해서는 박학다식한 이론도 중요하지만, 가장 중요한 것은 상황에 맞는 정치적 기술(Political Power)이다. 탈권위주의도 좋지만 국가의 책임을 맡은 이상 아마추어리즘(Amateurism)의 냄새가 나는 것처럼 비쳐지면 곤란하다. 이 땅에는 아직도 박정희식의 독재 정치에 향수를 느끼는 세대가 많다는 점을 고려해야 할 것이다. 이들을 시대정신에 뒤졌다고 모두 외면할 수는 없지 않은가?

5·16쿠데타를 정당화시키고 군사 독재의 당위성을 이론적으로 뒷받침한 로스토의 경제근대화론에 찬성하지는 않지만, 어느 정도 국가 권력의 권위는 지켜져야 한다고 나는 생각한다. 책임감을 말하려는 것이다. 참여 정부는 이전의 어떤 정부보다 사회 개혁을 열망하는 국민들의 지지를 받고 탄생되었다. 개혁을 화두로 내세운 정권인 만큼 이전의 그 누구보다도 심적인 부담이 클 것이다. 머리말에서 언급하였듯이 개혁은 목숨을 바칠 각오가 없이는 쉽게 달성될 수 없는 것이다.

그러나 나는 참여정부의 모든 인물들이 도덕적으로 완벽한 인격체들이라고 믿지는 않는다. 다만 겉으로 표방한 개혁이라는 화두가 무색할 만큼 속으로 정치적 이해득실을 고려함으로써 국민들의 지지를 스스로 배반하는 일이 없기를 바랄 뿐이다. 오래 전에 시인 김지하가 우리 사회지도층을 '도적놈'에 비유한 〈오적(五賊)〉이라는 시를 발표했을 때, 이 땅의 민중들은 그것을 보면서 마음속으로 통쾌함을 만끽하였다. 의도했던 것이라기보다는 귀납적 연구의 결과였지만, 가만히 음미해 보면 이 책에서도 그런 풍의 분위기를 맛볼 수 있었으리라.

특히 나는 이 책을 참여 정부의 주도적 인사들에게 권하고 싶었다. 나는 그들이 왠지 기묘사화의 희생양이 된 조광조 일파로 보이기 때문이다. 청신성을 장점으로 내세웠지만, 실제로는 정치적 미숙함과 이에 못지 않은 정치적 야망이 혼합된 순수함과 교활함의 이중적 인격체로 파악되는 것이다. 실수하지 않기를 바라는 나의 충정을 헤아려 주시길.

2004년 9월
성균관에서 박성순

1. 도산급문제현도(陶山及門諸賢圖)

조선의 학통은 이황을 분기점으로 해서 그 이전의 학자는 초당적(超黨的)이요, 그 이후의 학자는 당파적(黨派的)이었다는 특징을 보인다. 즉 선조대 이후부터는 어떤 학자나 사림도 모두 어느 한 당파와 관련이 있었다. 이 '도산급문제현도'는 이황을 중심으로 해서 분기해 나가기 시작한 동인과 서인의 계보를 보여 주고 있다. 사림5현 중 최후의 인물로서 이이나 성혼에게 모두 영향을 끼친 이황의 권위를 잘 보여 주는 그림이다.

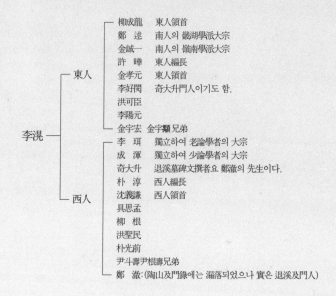

```
                    ┌ 柳成龍    東人領首
                    ├ 鄭  逑    南人의 畿湖學派大宗
                    ├ 金誠一    南人의 嶺南學派大宗
                    ├ 許  曄    東人編長
          ┌ 東人 ───┼ 金孝元    東人領首
          │         ├ 李好閔    奇大升門人이기도 함.
          │         ├ 洪可臣
          │         ├ 李陽元
李滉 ─────┤         └ 金宇宏    金宇顒 兄弟
          │         ┌ 李  珥    獨立하여 老論學者의 大宗
          │         ├ 成  渾    獨立하여 少論學者의 大宗
          │         ├ 奇大升    退溪墓碑文撰者요 鄭澈의 先生이다.
          │         ├ 朴  淳    西人編長
          └ 西人 ───┼ 沈義謙    西人領首
                    ├ 具思孟
                    ├ 柳  根
                    ├ 洪聖民
                    ├ 朴光前
                    ├ 尹斗壽尹根壽兄弟
                    └ 鄭  澈:(陶山及門錄에는 漏落되었으나 實은 退溪及門人)
```

2. 사림파 연원도(士林派淵源圖)

노·소론의 분기가 뚜렷해지면서 이제 일부 노론과 소론 인사들은 이황을 제쳐 놓고 직접 조광조에다 연원을 대는 현상이 나타났다. 즉 노론은 이이를 조광조의 사숙 연원에다 계통을 달고, 소론은 조광조–성수침–성혼으로 이어지는 연원을 주장하게 되었다. 아래의 '사림파 연원도'는 사림5현의 계통과 함께, 앞의 '도산급문제현도'와는 달리 이황을 제치고 직접 조광조에게 연원을 대고 있는 노·소 양당의 도통 전승 인식을 보여 주고 있다.

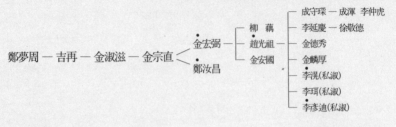

鄭夢周 － 吉再 － 金淑滋 － 金宗直 〈 金宏弼 －
鄭汝昌

柳藕 — 成守琛 — 成渾　李仲虎
趙光祖 — 李延慶 — 徐敬德
金安國 — 金德秀
金麟厚
李晃(私淑)
李珥(私淑)
李彦迪(私淑)

※ •표시는 사림 5현

3.《전고대방(典故大方)》의 학통도

노·소 양당의 새로운 도통 전승 인식으로 말미암아 이황의 지위가
크게 무너지지는 않았지만 이이와 성혼의 지위는 약화되어 이이는
완전히 노론의 대종이 되고 성혼은 소론의 대종이 되었다. 그 까닭
은 이황 문인에 서인이 많았기 때문에 노론이나 소론당이 이황을 공
격할 수는 없었으나, 이이의 문인이나 성혼의 문인 중에 남인이 된
사람은 별로 없었기 때문에 남인 및 북인계의 공격을 심히 받았기
때문이다. 이와 아울러 노·소 분당 이후에는 이이의 후학과 성혼의
후학들이 심한 갈등을 빚었다.

　한편, 이황에 대해 비판적 입장을 취했던 남명 조식학파는 사림
파 공동의 괘씸죄에 걸려 그 세력을 온전히 펴지 못했고, 오늘날에
도 그 학통의 전승 내력마저 자세히 소개하는 곳이 없을 정도이다.

　조선 시대 사림파 성리학자들의 학통 연원도는 대동소이하다고

도 할 수 있지만, 학자들의 관점에 따라 약간씩의 편차를 보이고 있
다. 그것을 일일이 다 소개할 수 없는 관계로《전고대방(典故大方)》
에 나오는 학통 연원도를 대표적으로 소개한다.

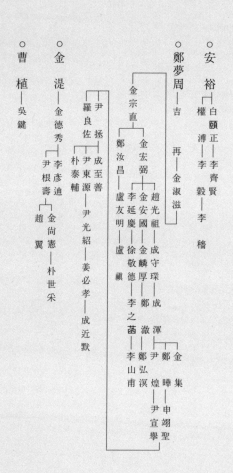

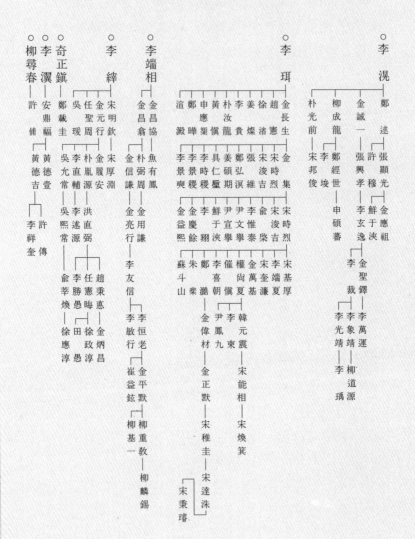

○李滉
- 鄭述 ─ 張顯光
- 金誠一 ─ 張興孝 ─ 李玄逸 ─ 李栽 ─ 李象靖 ─ 李光靖
  - 金應祖 · 金聖鐸 · 李萬運 · 柳道源 · 李瑀
- 柳成龍 ─ 鄭經世 · 李埈
- 朴光前 ─ 宋邦俊
- 許穆 · 申碩蕃 · 鮮于浹

○李珥
- 金長生 ─ 金集 ─ 宋時烈 ─ 權尚夏 ─ 韓元震 ─ 宋能相 ─ 宋煥箕
  - 金益熙 · 金慶餘
  - 宋浚吉
  - 宋稚圭 ─ 宋達洙 ─ 宋秉璿
- 徐渻 ─ 宋浚吉
- 趙憲 ─ 張維
- 姜燦 ─ 鄭弘溟
- 李貴 ─ 姜碩期
- 朴汝龍 ─ 具仁基
- 黃愼 ─ 李時稷
- 申應榘 ─ 李景稷
- 鄭曄 ─ 李景奭
  - 李翔 · 鮮于浹 · 尹宣擧 · 尹文擧 · 李惟泰 · 俞棨
  - 蘇斗山 · 朱㮒 · 鄭澔 · 李喜朝 · 崔向慎 · 金萬埰 · 宋奎濂 · 李端夏 · 宋基厚
  - 金偉材 · 尹鳳九 · 李鳳東
  - 金正默 · 韓元震
  - 尹鳳九 ─ 宋能相
  - 韓元震 ─ 宋能相 ─ 宋煥箕

○李端相
- 金昌協
- 金昌翕
- 魚有鳳 · 朴弼周 · 金信謙
- 金用謙 · 金亮行
- 李友信
- 李敏行 ─ 李恒老
- 崔益鉉 · 金平默
- 柳重敎 ─ 柳基一
- 柳麟錫

○李繹
- 宋明欽 · 金元行 · 任聖周 · 吳瑗
- 宋厚淵 · 金履安 · 朴胤源 · 李直輔 · 洪直弼
- 李述源
- 任憲晦 · 趙秉惠
- 金炳昌 · 徐政愚 · 田愚
- 俞莘煥 · 李勝愚 · 徐應淳

○○○ 柳尋春　李瀷　奇正鎭
- 柳尋春 ─ 許傳
- 李瀷 ─ 安鼎福 ─ 黃德壹 · 黃德吉 ─ 李祥奎 · 許傳
- 奇正鎭 ─ 鄭載圭

248

4. 서원 일람표(書院一覽表)

서원은 조선 중기 이후 당쟁이 심해지면서 사림의 세력을 키우는 온상 역할을 한 곳이다. 그 결과 관학기관인 향교가 제구실을 못하고 무너짐으로써 오늘날과 같이 공교육이 붕괴되고 사교육이 만연하는 풍조가 연출되었다. 서원의 폐단은 우리가 알고 있는 것보다 100년이 빠른 1600년대 초반부터 사료에 등장하고 있는데, 이는 본문 중에서 살펴본 바와 같이 사족 지배 체제가 강화되는 것과 동시의 일임을 확인하게 된다.

우리에게 《홍길동전》의 저자로 잘 알려진 허균(許筠, 1569~1618)은 〈원주향교중건기〉(1609)에서, "문치(文治)가 지나치게 성하다 보니 여러 고을 선비들이 앞다퉈 모방해 서원을 세웠고, 서원의 유생들은 토지를 넓히고 곡식을 불리는 데 힘쓰고 고을의 권세를 독차지해 방자하게 위세를 부리니 관리들이 감히 대적하지 못했다."고 적었다. 또 "조정에서 세운 향교는 도리어 버려진 곳이 되어 요행히 병역이나 면해 보려는 자들로 채워지니 사우(祠宇)는 무너지고 궁정은 풀이 무성하여 마치 사람이 없는 듯하다."고 공교육의 쇠퇴를 한탄했다.

사족 지배 체제의 강화와 더불어 서원은 이제 정치적으로도 국가의 통제를 벗어난 권세를 부리게 되었다. 한 예로 송시열을 모시는 화양동서원(華陽洞書院)이 발행하는 서간은 정부의 공문서보다도 더 큰 위력을 발휘했다. 대원군이 집권하면서 유생들의 온갖 반대를 무릅쓰고 서원의 철폐를 추진한 것도 이와 같은 악폐를 바로잡으려는 것이었다. 대원군은 먼저 고종 2년(1865)에 송시열의 유명으로 세워진 만동묘(萬東廟)를 철폐하고, 고종 5년(1868)에는 서원에도 납세를 명령하였다. 그리고 고종 8년(1871)에는 전국의 서원을 정리하여 47개소 이외의 모든 서원을 철폐하였는데, 이러한 서원 탄압은 결국 대원군이 하야하는 중대한 원인이 되었다. 아래의 표는 이 당시 서원 정비 후 남은 47개 서원을 기록한 것이다.

書院名	主壁	所在地	비고
崧陽書院	文忠公 鄭夢周	京畿道 開城	
龍淵書院	文翼公 李德馨	京畿道 抱川	
江漢祠	文正公 宋時烈	京畿道 麗州	
鷺江書院	文烈公 朴泰輔	京畿道 果川	
牛渚書院	文烈公 趙憲	京畿道 金浦	
坡山書院	文簡公 成渾	京畿道 坡州	
德峰書院	忠貞公 吳斗寅	京畿道 陽城	
顯節祠	文正公 金尙憲	京畿道 廣州	
深谷書院	文正公 趙光祖	京畿道 龍仁	
四忠書院	忠獻公 金昌集	京畿道 果川	
忠烈祠	文忠公 金尙容	京畿道 江華	
紀功祠	莊烈公 權慄	京畿道 高陽	
遯巖書院	文元公 金長生	忠淸道 連山	
忠烈祠	忠愍公 林慶業	忠淸道 忠州	
表忠祠	忠愍公 李鳳祥	忠淸道 淸州	
彰烈祠	文貞公 尹集	忠淸道 鴻山	
魯岡書院	文貞公 尹煌	忠淸道 魯城	
武城書院	文昌候 崔致遠	全羅道 泰仁	
筆巖書院	文正公 金麟厚	全羅道 長城	
褒忠祠	忠烈公 高敬命	全羅道 光州	
西嶽書院	弘儒候 薛聰	慶尙道 慶州	
紹修書院	文成公 安珦	慶尙道 順興	
金烏書院	忠節公 吉再	慶尙道 善山	
道峯書院	文敬公 金宏弼	慶尙道 玄風	
藍溪書院	文獻公 鄭汝昌	慶尙道 咸陽	
玉山書院	文元公 李彦迪	慶尙道 慶州	
陶山書院	文純公 李滉	慶尙道 禮安	
興巖書院	文正公 宋浚吉	慶尙道 尙州	

玉洞書院	翼成公 黃 喜	慶尙道 尙州	
屛山書院	文忠公 柳成龍	慶尙道 安東	
忠烈祠	忠烈公 宋象賢	慶尙道 東萊	
忠烈祠	忠武公 李舜臣	慶尙道 固城	
襃忠祠	忠剛公 李述原	慶尙道 居昌	
彰烈祠	文烈公 金千鎰	慶尙道 晉州	
彰節書院	忠正公 朴彭年	江原道 寧越	
忠烈書院	忠烈公 洪命耇	江原道 金化	
襃忠祠	忠武公 金應河	江原道 鐵原	
淸聖廟	淸惠侯 伯 夷	黃海道 海州	중국인
太師祠	壯節公 申崇謙	黃海道 平山	
文會書院	文成公 李 珥	黃海道 白川	
鳳陽書院	文純公 朴世采	黃海道 長淵	
老德書院	文忠公 李恒福	咸鏡道 北靑	
三忠祠	諸葛亮·岳飛·文天詳	平安道 永柔	중국인
表節祠	忠烈公 鄭 著	平安道 定州	
武烈祠	石星·李如松 등 4인	平安道 平壤	중국인
酬忠祠	淸虛 休靜·松雲 惟政	平安道 寧邊	
忠愍祠	忠莊公 南以興	平安道 安州	

1. 자료

《高麗史》,《高麗史節要》,《太祖實錄》,《太宗實錄》,《中宗實錄》,《宣祖實錄》,《光海君日記》,《仁祖實錄》,《孝宗實錄》,《顯宗實錄》,《肅宗實錄》,《景宗實錄》,《英祖實錄》,《正祖實錄》,《純祖實錄》,《承政院日記》,《東文選》.

郭再祐,《忘憂集》.

金瑬,《北渚集》.

金誠一,《鶴峯集》.

金安國,《慕齋集》.

金宗直,《佔畢齋集》.

金忠善,《慕夏堂集》.

成俔,《慵齋叢話》.

成渾,《牛溪集》.

成守琛,《聽松集》.

宋時烈,《宋子大全》.

宋浚吉,《同春堂集》.

梁誠之,《訥齋集》.

吳億齡,《晚翠集》.

尹鑴,《白湖集》.

李建昌,《黨議通略》.

李肯翊,《燃藜室記述》.

李珥,《栗谷全書》.

李瀷,《星湖僿說類選》.

李滉,《退溪集》.

李舜臣,《李忠武公全書》.

李彦迪,《晦齋集》.

鄭澈,《松江集》.

鄭道傳,《三峯集》.

程敏政,《心經附註》.

鄭仁弘,《來庵集》.

趙光祖,《靜菴集》.

學民文化社, 1998,《心經註解叢編》.

許穆,《眉叟記言》.

2. 저서

姜周鎭, 1971,《李朝黨爭史研究》, 서울대출판부.

고영진, 1995,《조선중기 예학사상사》, 한길사.

국사편찬위원회, 1997,《한국사 32: 조선 후기의 정치》, 탐구당문화사.

국사편찬위원회, 1998,《한국사 30: 조선 중기의 정치와 경제》, 탐구당문화사.

朴龍雲, 1987,《高麗時代史》(下), 一志社.

박은봉, 1997,《개정판 한국사 100장면》, 실천문학사.

유미림, 2002,《조선후기의 정치사상》, 지식산업사.

尹南漢, 1986,《朝鮮時代의 陽明學 研究》, 집문당.

李基白·閔賢九, 1984,《史料로 본 韓國文化史-高麗篇》, 一志社.

李基淳, 1998,《仁祖·孝宗代 政治史 研究》, 國學資料院.

이덕일, 2003,《살아있는 한국사》2·3, 휴머니스트.

이성무, 2000,《조선시대 당쟁사 1·2》, 동방미디어.

李迎春, 1998,《朝鮮後期 王位繼承 研究》, 集文堂.

李銀順, 1988,《朝鮮後期黨爭史研究》, 一潮閣.

지두환, 1998,《조선시대 사상사의 재조명》, 역사문화.

崔昌祚, 1984,《韓國의 風水思想》, 民音社.

한국사사전편찬회 편, 1995,《한국 고중세사 사전》, 가람기획.

韓㳘劤·李泰鎭, 1984,《史料로 본 韓國文化史-朝鮮前期篇》, 一志社.

韓永愚, 1973,《개정판 鄭道傳思想의 研究》, 서울대출판부.

韓永愚, 1983,《朝鮮前期 社會經濟研究》, 乙酉文化社.

韓永愚, 1983,《朝鮮前期 社會思想研究》, 知識産業社.

韓永愚, 1990,《한국사대강》, 經世院.

3. 논문

姜芝嬋, 1993, 〈威化島回軍과 그 推進勢力에 대한 검토〉, 《梨花史學研究》 20, 이대사학회.

金世奉, 2002, 〈朝鮮前期의 《大學(衍義)》 認識〉, 《東洋古典研究》 16, 東洋古典學會.

金玉姬, 1988, 〈茶山의 《心經密驗》에 나타난 心性論에 관한 考察〉, 《教會史研究》 6, 한국 교회사연구소.

金允濟, 1996, 〈朝鮮 前期 《心經》의 이해와 보급〉, 《韓國文化》 18, 서울대 한국문화연구소.

金鍾錫, 1997, 《心經附註》와 퇴계학 연구 방법론〉, 《古文研究》 10, 韓國古文研究會.

文喆永, 1984, 〈朝鮮初期 사대부의 新儒學 수용 양상〉, 서울대 국사학과 석사학위논문.

孫興徹, 2002, 〈天槪念의 哲學的 意味 考察〉, 《東洋古典研究》 16, 東洋古典學會.

申龜鉉, 1987, 〈西山 眞德秀의 《心經》과 退溪 李滉의 心學〉, 《退溪學報》 53, 退溪學研究院.

申龜鉉, 1987, 〈退溪 李滉의 《心經附註》 연구와 그의 心學의 特徵〉, 《民族文化論叢》 8, 영남대 민족문화연구소.

신항수, 2002, 〈경전해석을 통해 본 이익의 왕패인식〉, 《韓國思想史學》 19, 韓國思想史學會.

安炳周, 1987, 〈退溪의 學問觀–心經後論을 중심으로〉, 《退溪學研究》 1, 檀國大 退溪學研究所.

柳昌圭, 1994, 〈高麗末 崔瑩勢力의 形成과 遼東攻略〉, 《歷史學報》 143, 歷史學會.

尹炳泰, 1979, 〈心經附註 有後論本의 版本–退溪書誌의 研究 其四〉, 《韓國의 哲學》 8, 慶北大 退溪研究所.

尹炳泰, 1979, 〈退溪의 心經附註–退溪書誌의 研究 其三〉, 《韓國의 哲學》 8, 慶北大 退溪研究所.

李俸珪, 1995, 《心經附註》에 대한 조선성리학의 대응–李滉과 宋時烈을 중심으로〉, 《泰東古典研究》 12, 泰東古典研究所.

李俸珪, 1996, 〈宋時烈의 性理學說 研究〉, 서울대 철학과 박사학위논문.

李亨雨, 1999, 〈高麗 禑王代의 政治的 推移와 政治勢力 研究〉, 고려대 사학과 박사학위 논문.

鄭一均, 1999, 〈茶山 丁若鏞의 《心經》·《小學》論〉, 《泰東古典研究》 16, 泰東古典研究所.

佐藤仁, 1990, 〈李退溪와 《心經附註》〉, 《退溪學報》 68, 退溪學研究院.

高橋亨, 1929, 〈李朝儒學史に於ける主理派主氣派の發達〉, 《朝鮮支那文化の研究》, 京城帝國大學法文學會.

梶村秀樹, 1993, 〈朝鮮思想史における〈中國〉との葛藤〉, 《朝鮮史の方法》, 明石書店.

Abstract

Park, Sung-soon

Chosun dynasty fixed the Neo-Cofucianism as a national policy. The Neo-Cofucian literati pursued for utopia ruled by ideology of the Neo-Cofucianism. Actually the utopia which they intended was the prime minister centric system of government area and the Neo-Cofucian literati centric system of local society.

The Neo-Cofucian literati were commonly use to designate a group of yangban scholars who had their base in the countryside. they were a force that had preferred to exert its imfluence through the Local Agency, on administration at the country level rather than to seek to enter the capital bureaucracy.

In the successive literati purges the Neo-Cofucian literati were dealt repeated severe blows. Nevertheless, with their solid base in the society of the regions outside the capital, their power continued to develop through the private academies, the village code, and their agricultural landholdings. In the reign of Sunjo(1576-1608), then, they again were able to enter government service in the capital and, in the end, to dominate the political process.

Sim Kyung(《心經》) was strategic subjet for the Neo-Cofucian literati to dominate the political process. And they tried to be recognized *Sim Kyung* officially as a text for the Palace Debate to cultivate king's moral sense. but it was not easy.

It was the reign of king Hyojong(1649-1659) that *Sim Kyung* was recognized officially as a text for the Palace Debate to cultivate king's moral sense. Because Sandang(山黨: rural Neo-Cofucian literati; Song Si-yeol was the central figure) entered into the Cabinet.

Hyojong tried to cooperate with Sandang in close. Song Si-yoel utilized it for political tactics that was making the Neo-Cofucian literati centric system of whole nation. To this aim, Song Si-yoel emphasized *Sim Kyung* for moral justification. Therefore Song Si-yoel was in discord with king Hyojong. Because king Hyojong pursued realism but Song Si-yoel pursued idealism in the actual.

Sim Kyung occupied absolute position in the Palace Debate during the reign of Hyojong, Hyunjong(1659–1674), Sookjong(1674–1720). But after the reign of Chungjo(1776–1800), *Sim Kyung* was of no use anymore. Because the Sandang who had attached importance to *Sim Kyung* disappeared thereafter.

It was the specific character that *Sim Kyung* was attached importance in Chosun despite being despised in China.

찾아보기